건설경영
전략가의 마인드
The Mind of Construction Management Strategist

김인호 지음

〈저자의 말〉

    1986년부터 '건설경영' 공부에 관심을 가졌던 필자는 당시 학문적으로 척박했던 국내 현실에 한계를 느끼고 영국으로 유학을 떠나 1993년에 국내 최초로 건설경영학 박사학위를 취득하였다. 영국 대학의 박사과정에는 강의·시험이 없고 학점도 존재하지 않았다. 토론과 논쟁을 통해 상대를 설득하고 자신의 논제를 정당화시키는 노력이 수없이 반복되는 과정에서 당면문제의 뿌리를 캐기 위해 인접학문을 섭렵하여 나름대로의 철학적 관점을 정립하지 않으면 안 되었다. 이러한 공부에 힘입어 필자는 상황의 본질을 규명하며 문제의 근원을 파헤칠 수 있는 역량을 확보할 수 있었기에 타고난 그릇보다 더 큰 삶과 일의 과정을 누릴 수 있었다.

    이러한 공부내용과는 대조적으로 국내의 건설풍토는 지극히 기술지향적이었고 대증적 문제해결 방식이 주도하는 상황이어서 필자의 학문체계를 전파하는 일은 결코 용이하지 않은 것이 어쩔 수 없는 현실이었다. 결국 필자는 그동안 정립해 온 방대한 이론체계에서 핵심원리만을 추출하여 국내 여건에 접목시킨 내용으로 강의를 시작하였다. 다행히 강의는 엄청난 인기를 얻으면서 어렵지 않게 건설경영을 전파할 수 있는 여건을 조성해 주었다.

그 이후 적지 않은 세월이 흘러 지금에 이르렀고 강의내용도 세상의 새로운 변화를 수용하며 진화를 거듭해 왔다. 이제 그동안 필자에게 한없는 축복을 선사해 준 내용을 현재의 관점으로 재정립하여 후진에게 제공해야 할 때가 된 것 같다.

 이러한 관점에서 쓰여진 이 책은 헤아릴 수 없을 정도의 다수 강의를 통해 수많은 분들로부터 공감과 지지 그리고 사랑을 얻은 내용에 필자의 현재 지성을 얹어서 마무리한 건설경영전략의 결실을 담고 있다.

 건설경영 개념이 제도적으로 표출된 CM(Construction Management)의 골격과 개념을 설명하고, 아울러 CM 이면에서 살아 숨 쉬고 있는 전략적 사고를 건설경영전략가의 마인드로 탐색하고 있다. 독자 여러분이 이러한 내용을 숙지한다면 다양한 전문가의 경험적 지식이 갖는 오류를 제거하고 효과적으로 활용하여 현재 상황의 근원적 문제를 해결할 수 있을 뿐만 아니라 미래를 예견하여 체계적으로 공략할 수 있는 건설경영전략가로 거듭날 수 있을 것으로 믿어 의심치 않는다.

 필자가 한 줄 한 줄에 의미를 압축시키면서 한 글자 한 글자 꾹꾹 눌러 쓴 이 책이 독자 여러분의 삶과 일에 조금이나마 기여한다면 그보다 더 큰 기쁨은 없을 것 같다.

2023년 3월
저자 김 인 호

목 차

제1장
건설경영의 제도적 산물, CM - CM의 구성요소와 전개영역

전통적 건설방식의 한계	8
CM(Construction Management)의 구조적 틀	12
CM의 개념과 실무적 의미	17
CM 구성원의 역할	27
CM의 장점과 본질적 결점	34
건설경영전략가의 마인드 - 무엇을 공부해야 하나?	41

제2장
현재상황의 인식과 분석 - 과거영역에서 현재상황으로…

상황인식 - 문제해결범주 설정	50
고전에서 말하는 경영 1 문제해결의 범주 설정 : 양 끝을 두드려서 상황을 파악한다.	55
휴리스틱(heuristics)	56
편견(bias)	63
고전에서 말하는 경영 2 편견(bias)의 최소화 방안 : 적게 말하고 신중하게 행동한다.	70
시스템적 사고(systems thinking)	71
경영전략마인드(strategic mind of management)	74
고전에서 말하는 경영 3 언어의 한계와 소통의 어려움	78
전문성(기술·전문가)의 한계	79
전문성과 돈의 균형추구 - 기술에서 돈으로	83
사람, 기술과 돈의 운용주체 - 돈에서 사람으로	90
인적 대립과 갈등 - 괘씸죄·아첨·집단역학·보수성	101
괘씸죄	101
아첨(ingratiation)	103
집단역학(group dynamics)	114
고전에서 말하는 경영 4 시너지 창출의 기술 : 和而不同	132

보수성(conservatism)	132
고전에서 말하는 경영 5 압축과 요약의 기술: 한 마디로 말하면	140
마음속의 다짐 – 편협성의 한계 극복	141
고전에서 말하는 경영 6 말! 말! 말! 경청!	148

제3장

미래 환경의 예견과 대응 – 미래에서 현재로…

건설경영상황의 동태적 인식	150
고전에서 말하는 경영 7 동태적 시스템의 문학적 표현 : 천지(天地)와 광음(光陰)	155
고전에서 말하는 경영 8 변화경영 : 변통(變通)과 통변(通辯)	165
전략적 건설경영자 – 시·공간적 상황의 중심	166
고전에서 말하는 경영 9 전략경영자 : 시·공간적 상황의 중심인물	174
시스템(상황) 변화의 개념과 원리	175
고전에서 말하는 경영 10 변화의 의미	182
변화 예견의 단서 : 징후·징조, 트렌드	183
변화현상의 구조적 특성 : 프랙탈(fractal)	186
고전에서 말하는 경영 11 미래를 예견하는 안목	188
건설경영자의 창조성 – 시스템 환경 변화 대응	189
고전에서 말하는 경영 12 지기식세(知機識勢)	201
건설경영자의 리더십 – 인간적 신뢰 구축	202
고전에서 말하는 경영 13 리더(leader)의 우환의식(憂患意識)	207
미래를 위한 준비 – 힘의 우회축적	208
고전에서 말하는 경영 14 경영자의 기다림과 여유	214
건설경영과 운(運)	215
마무리 : 건설경영 패러다임 정립	222

제 1 장
건설경영의 제도적 산물, CM
- CM의 구성요소와 전개영역

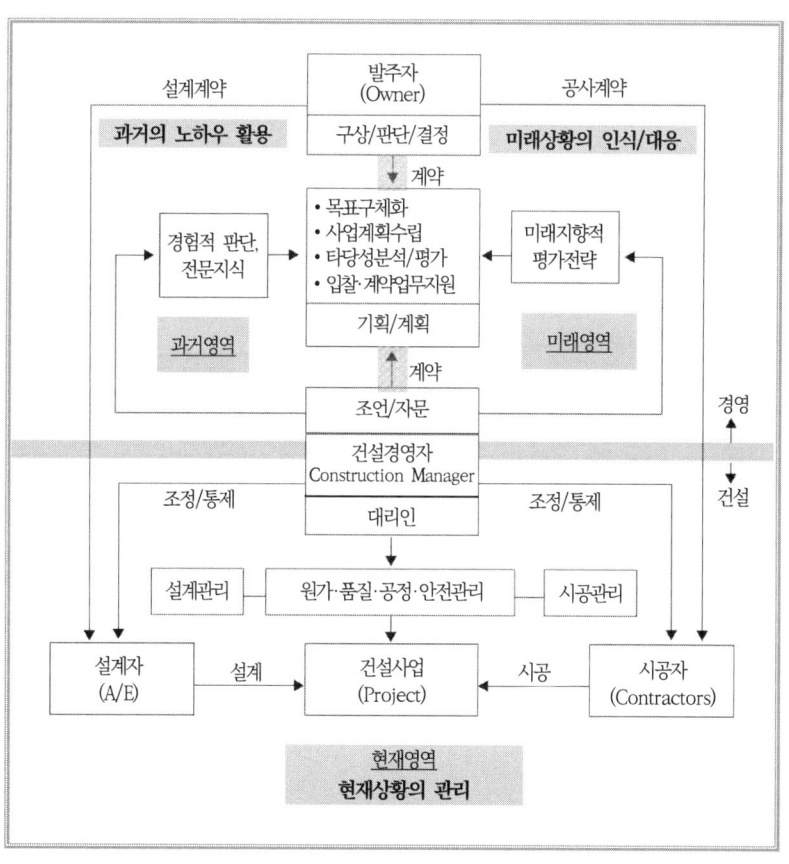

제 1 장
건설경영의 제도적 산물, CM
- CM의 구성요소와 전개영역

전통적 건설방식의 한계

  건설에 대한 경영적 접근의 필요성은 기존 건설방식의 한계에서 비롯된다. 경영적 관점에서 보면 전통적 건설방식은 다음과 같은 6가지의 한계를 노출한다.

  첫째, 본질적으로 순차적(sequential)인 업무추진 방식에서 비롯되는 문제다. 특정시점의 업무가 마무리되면 다음 단계로 넘겨지는 절차는 이어달리기 경주 방식과 다르지 않다. 순차적 방식은 설계단계에서 발주자의 요구조건을 시공자에게 빠짐없이 전달할 수 있는 서류가 작성되므로 시공과정에서 발생하는 모든 문제는 사전에 해결될 수 있다는 낙관적 가정에 근거한다. 그러나 복잡화·다양화·

전문화되는 건설상황에서 이러한 가정은 설득력을 잃어가고 있다.

둘째, 건설사업의 발주자는 시공자를 업무적으로 통제하지 못하고 비용만 지불하는 불합리한 상황이 발생한다. 비용지불을 무기(武器)로 삼아 시공자를 통제할 수 있다고 하지만 발주자는 이러한 권한의 행사를 뒷받침할 수 있는 기술력과 전문성 그리고 관련 정보를 갖지 못하는 경우가 비일비재하다.

설계과정을 생각해 보자. 발주자는 설계제안의 비용의미(cost implications)를 정확히 이해할 수 있는 객관적 자료를 갖추고 있지 못한 경우가 많다. 경제적 타당성을 갖춘 다른 대안이 있지만 모르고 지나치는가 하면, 입찰·계약 이후 사업이 한 참 무르익은 상황에서 그 의미를 파악하고 당황하는 사례가 적지 않다. 결국 발주자는 이른 시점에 발견하면 손쉽게 바로잡을 수 있는 문제를 건설사업이 한창 진행 중인 상황에서 파악하고 수정하기 위해 적지 않은 시간과 노력을 투입하고 당초 예상치 못한 추가비용 지출과 공기지연을 감수해야 하는 상황에 직면하고는 한다.

셋째, 설계자는 건설사업 추진과정 전반을 통제할 수 있는 권한과 지식을 갖추지 못하고 있다. 계약조건에 따라 공사일정계획을 요구할 수는 있지만 특정 공종에 대한 세부계획을 대상으로 근거 있는 이의를 제기하기는 어렵다. 또한 일정계획에 맞춰 추진되는 공사의 품질이 보장되는지 여부를 판단하는 것도 쉽지 않다.

복잡·다양한 건설상황에서 설계자가 시공자의 대안을 거절하고 더 효과적인 방법을 제시할 수 있는 지식체계를 확보하기 어려운 것이 어쩔 수 없는 현실이기 때문이다. 결국 신공법·신기술 도입 여부와 자재비·인건비 상승 가능성 등을 파악하지 못하는 발주자는 사업추진과정에서 물가상승과 설계변경소요 등으로 인한 비용상승과 공기지연을 감내할 수밖에 없는 상황에 처하게 된다.

넷째, 시공자는 사업비 증액의 유혹을 뿌리치기 어렵다. 일단 낮은 가격으로 사업을 수주하고 설계변경을 통해 추가비용을 보상받으려는 태도를 보인다. 또한 시공자는 발주자 입장에서 비용절감의 동기를 모색하기 보다는 지속적 업무관계를 유지하고 있는 협력업체를 두둔하며 추가비용을 획득하기 위해 열을 올리기도 한다.

다섯째, 시공자는 종합적 사업관리체계를 갖추고 있지만 스스로의 이익증대를 위해 활용할 뿐, 발주자의 통제력을 강화시키기 위해서는 결코 사용하지 않는다. 시공자 입장에서 싸고 좋은 것이 발주자에게 반드시 유익한 것이라고 생각할 수는 없다 결국 시공자의 이러한 태도는 발주자에게 매우 불리한 여건을 초래한다.

여섯째, 사업추진 집단(조직)들 사이에서 적대적 관계가 형성될 가능성이 높다. 발주자는 시공과정의 문제에 대한 책임을 회피하고 시공자는 경쟁심화로 인해 감소된 이익을 회수하기 위해 품질관리를 소홀히 하며 설계변경·클레임을 제기한다. 설계자는 시공과정을 통제할 수 있는 권한을 갖지 못하지만 시공자의 클레임 제기에 직·간접적 책임을 부담해야 하므로 시공자와 원만한 관계를 유지하기 어렵다.

이러한 상황에서 발생하는 갈등·분쟁이 적절히 관리되지 않으면 건설사업의 최대 수혜자가 되어야 할 발주자는 예산낭비와 공기지연 그리고 품질저하로 인한 피해자로 전락한다. 사업에 참여한 다양한 집단(조직) 구성원들도 실패한 건설인이라는 오명을 지울 수 없게 된다. 더 나아가 갈등·분쟁의 심화로 왜곡된 건설풍토가 고질화되면 엄청난 사회·경제적 파장을 불러일으키는 대형 참사가 야기된다.[1]

기존의 전통적 건설방식이 노출하는 한계를 효과적으로 극복하기 위해 건설경영개념을 제도적으로 구현한 것이 CM(Construction Management) 방식이다.

우선 건설경영의 제도적 산물인 CM 방식의 이론적 개념과 실무적 의미를 고찰하고, 이어서 CM의 근간인 건설경영의 개념과 전략 그리고 기법을 탐색해 보자.

---

[1] 대형 건설사고 이면에는 사업추진집단 사이의 협의단절과 책임전가, 감리부실, 시설유지관리체계 미비, 부적절한 공법에 의한 공사강행, 불법적 담합, 참여집단 사이의 팽배된 갈등, 위기상황에서의 적절한 대응조치 미비 등 어느 한 가지 관점으로는 도저히 파악할 수 없는 수많은 문제가 복잡하게 얽혀 있다.

CM(Construction Management)의 구조적 틀

CM 업무체계를 종합적으로 파악할 수 있는 구조적 틀을 정립하면 (그림 1.1)과 같다. CM 방식은 발주자·설계자·시공자가 삼각구도를 형성하여 역할을 분담하는 전통적 건설방식에 CMr(construction manager)이라는 별도의 인물·집단·조직을 개입시키고, CMr에게

1) 건설사업의 기획과 계획이 적절한 방향으로 이루어지도록 발주자를 조언하고
2) 발주자 대리인으로서 설계자·시공자를 조정·통제할 수 있는 권한을 부여하여
3) 제한된 시간·예산 범위 내에서 적정수준의 품질을 달성할 수 있도록 하는 것이다.

CM의 특징은 발주자의 대리인(agent)이면서 사업의 종합관리자인 CMr(Construction Manager)의 출현에 있다. CMr은 19세기 중엽 이전의 유럽(Europe)에서 건설과정 전반에 대한 총괄적 책임을 지고 설계·시공을 관리하던 'Master Builder'의 역할과 비슷한 의미를 갖는다. 차이점은 개인적 관리주체인 Master Builder가 세분화된 전문지식과 종합적 관리체계를 갖춘 개인·집단·조직으로서의 CMr로 바뀌었다는 것이다.

CMr은 전통적 건설방식의 한계를 극복하기 위해 건설사업의 초기단계에서 기획·계획·타당성분석 업무를 지원하여 최적의 사업

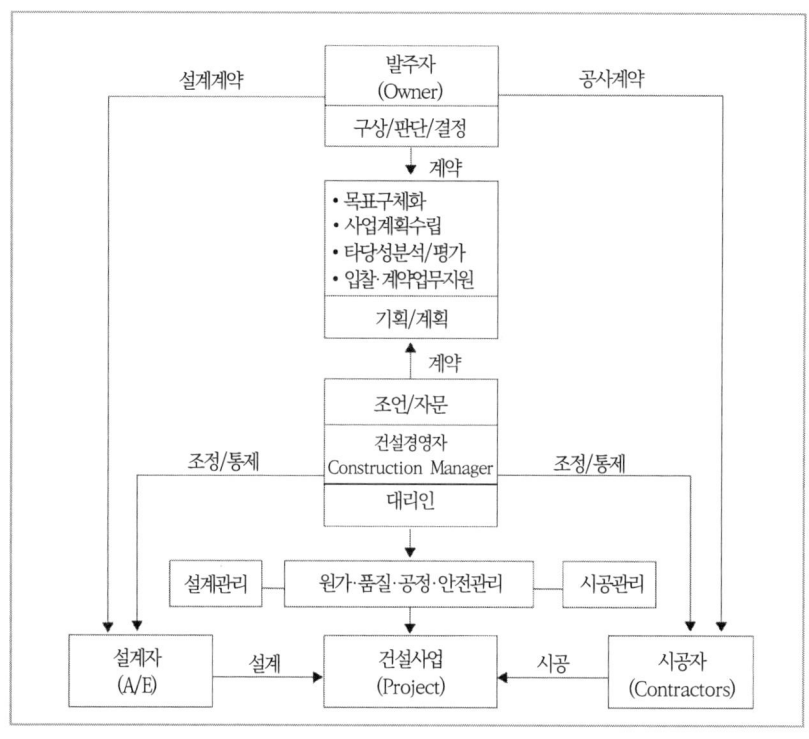

(그림 1.1) **CMr의 역할과 CM 업무체계**

전략을 수립하도록 발주자를 조언한다.

설계과정에서는 사업수행에 적합한 설계자를 선정하도록 발주자를 자문한다. 설계의사결정(design decision - making)의 비용의미를 파악하여 재원의 가용여부를 판단할 수 있도록 설계자를 조언하고, 비용·품질·성능·안전·미관·리스크 등을 종합적으로 고려할 수 있도록 자문한다.

시공단계에서도 CMr은 발주자가 역량을 갖춘 시공자와 합리적인 조건으로 계약을 체결할 수 있도록 조언하고 공사과정 전반을 관리해 준다.

(그림 1.2)는 전통적 건설방식과 CM의 구조적 차이를 표현한 것이다. 아울러 그 특징의 차이를 언급하면 (표 1.1)과 같다.

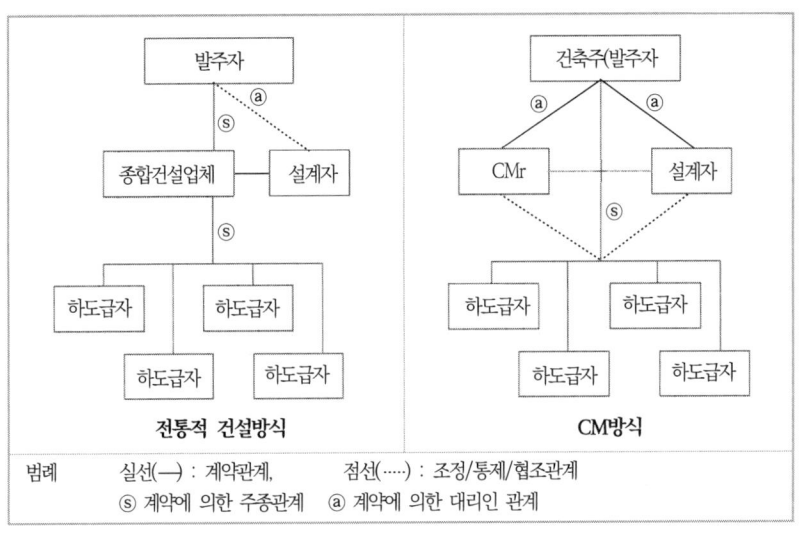

(그림 1.2) 전통적 건설방식과 CM의 구조 비교

또한 특정 공종의 수행업체가 계약조건을 이행하지 않을 경우 발주자는 사업 전체 공정에 악영향을 초래하지 않으면서 능력을 갖춘 다른 사업자로 즉시 교체하여 진행상의 차질을 사전에 방지할 수 있다.

긍정적 효과는 이 뿐만이 아니다. (그림 1.3)은 설계시공 병행추진 (Fast Track)으로 설계부터 완공·사용까지의 기간을 단축하고 공사비도 절감할 수 있다는 것을 보여 준다.

(표 1.1) 전통적 건설방식과 CM의 특징 비교

구 분	전통적 건설방식	CM
계약방식	발주자가 시공자(종합건설업체)와 단일계약 관계를 형성하므로 계약구조가 단순하다.	발주자가 하도급자와 직접 계약하는 일대 다수의 계약으로 계약관계가 복잡하다.
설계/시공	설계·시공이 분절 추진되므로 업무 연속성이 단절될 수 있다.	설계·시공을 통합 추진하여 업무적 연속성을 유지할 수 있다.
팀 관계	설계자·시공자 사이에 적대적 분위기가 형성될 가능성이 높아진다.	CMr의 체계적 조언과 조율을 통해 설계자·시공자 사이에 우호적 분위기를 조성할 수 있다.
보증절차	하도급자·시공자, 시공자·발주자 사이의 다중적 보증관계가 형성되어 절차가 복잡해진다.	하도급자·발주자 사이에 단일 보증관계만 존재하므로 절차가 단순하다.
VE 실시	주로 시공단계에서 VE·원가관리가 이루어진다.	설계·시공과정 모든 단계에서 VE·원가관리를 연계하여 실시할 수 있다.
공사비 확정	초기단계에서 총사업비가 확정된다.	CM for fee 방식의 경우 초기에 총사업비가 확정되지 않는다.
발주방식	설계·시공의 순차적 발주로 공기지연·사업비증가 가능성이 상존한다.	설계·시공의 통합·중복 발주로 공기단축·사업비절감이 가능하다.
공사비 절감 동기	시공자의 사업비 절감동기를 유발하기 어렵다.	VE 실시를 통해 사업비 절감동기를 유도할 수 있다.
비용/공기 관련정보	발주자는 설계자에게 주로 의존할 수밖에 없다.	초기단계부터 CMr로부터 종합적 정보를 제공받을 수 있다.
발주자의 통제력	설계자·시공자에 대한 통제력이 미비하다.	CMr의 전문적 조언으로 초기시점부터 설계자·시공자에 대한 통제력을 구비할 수 있다.

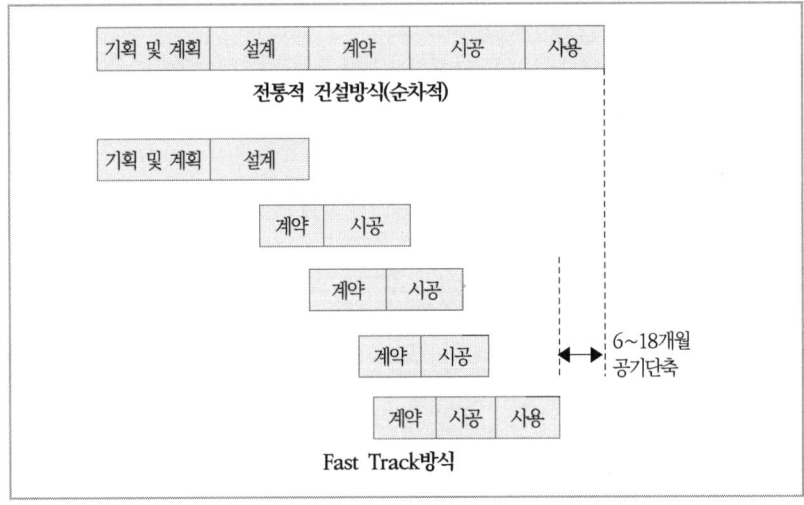

(그림 1.3) 순차적 방식과 설계시공 병행추진(Fast Track)방식 비교

발주자는 CMr의 능력에 힘입어 사업을 몇 개의 작업단위로 구분하여 분할계약을 체결하고 별도로 관리할 수 있다. 또한 설계가 완전히 마무리되기 전에 완료부분부터 계약을 체결하여 진행하는 '설계시공 병행추진(Fast Track)' 방식을 도입하여 전통적 계약이 갖는 순차성의 한계를 극복할 수 있다.

CM 계약은 시공자와 하도급자의 구분 없이 발주자가 각 공종의 이행주체와 직접 체결한다. 발주자는 하도급 과정을 거치지 않기 때문에 하도급자와의 계약과정에서 종합건설사가 취하는 중간이윤을 배제시키는 한편, 각 공종의 입찰과정에서 경쟁을 유도하여 사업비를 줄여서 이중적 절감효과를 도모할 수 있다.

CM의 개념과 실무적 의미

미국의 종합건설협회는 CM(Construction Management) 방식을
1) 건설사업의 목적을 효과적으로 달성하기 위해 전문가 집단의 통합된 관리기술을 활용하는 것
2) 건설사업의 기획·계획, 설계·시공의 각 단계별로 이루어지는 업무를 통합된 형태로 다루는 것
3) 그리고 건설사업의 가치를 경제적 시간 범위 내에서 극대화 하기 위해 기획·계획 단계부터 대안의 품질·비용·공기를 종합적으로 검토하는 것으로 정의하여[2]

건설사업이 초기시점부터 통합적으로 관리되어야 한다는 관점을 강조한다.

O'Brien(1978)은 CM을 설계·건설 과정에서 시간·비용·품질을 종합적으로 관리하기 위한 모든 방법을 포함하는 것이라고 언급하며

---

[2] 미국종합건설협회(Associate General Contractors of America)는 다음과 같이 CM의 개념을 제시한다.
… one effective method of satisfying an owner's needs. It treats the project planning, design, and construction phases as integrated tasks within a construction system … Interactions between construction costs, quality, and completion schedule are carefully examined by the team so that a project of maximum value to the owner is realized in the most economic time frame....The CM proposes construction alternatives to be studied by the construction team during the planning phase and accurately predicts the effects of these alternatives on the project cost and schedule....
AGCA, Special Report on Construction Management in Construction Methods & Equipment, March/April, 1972.

시간·비용·품질의 종합적 관리를 중시한다.3)

미국건축가협회(AIA : American Institute of Architects)는 여러 이해관계 집단(조직)의 입장을 반영하여 CM이 건설사업 참여자들에게 합리적 수준의 이익이 보장되도록 하면서 최소비용으로 발주자의 사업목적을 달성하기 위해 설계·시공과정을 관리하는 것이라고 정의한다.4)

Tenah와 Guevera(1985)는 팀에 의한 접근(team approach)과 기술·경영의 접목을 강조하면서 CM을
1) 발주자·설계자(A/E)·CMr로 구성된 팀의 노력(team effort)을 통해
2) 설계 초기부터 사업의 종료까지 소요되는 인적·물적 자원을 효율적으로 활용하기 위한 계획을 수립·시행하는 과정에서

---

3) O'Brien (1971)은 다음과 같이 CM을 정의한다.
… the composite of all modern project management methodologies having as their objective, the control of time, cost and quality in the design and construction of a new facility.
O'Brien James, et al., Construction Management : A Professional Approach, McGraw-Hill, New York, 1971.
4) 미국건축가협회는 CM을 다음과 같이 정의한다.
Managing the design and construction of a stated project to achieve an architectural and construction program at the lowest beneficial cost to the owner within a reasonable profit framework for the participants.
DeGoff, R.A., and Friedman, H.A., Construction Management : Basic Principles for Architects, Engineers, and Owners, John Wiley & Sons, 1985.

이루어지는 기술·경영관리 서비스(technical and management service)라고 정의한다.5)

이 정의에 따르면 CMr(Construction Manager)은 발주자와 계약관계를 유지하면서 '건설사업의 기획·계획부터 설계·시공·완공·사용까지 발주자에게 필요한 행정·기술·경영관리 서비스를 제공하는 집단·조직으로 이해될 수 있다.6)

CM의 다양한 정의에서 공통요소를 추출하면 CM은
1) 발주자·설계자(A/E)·CMr로 구성된 팀(team)의 노력으로 건설사업의 기획·계획·타당성분석·설계·시공의 전 과정을 통합·조정·관리하는 기술·경영 서비스로서
2) 그 목적은 발주자의 요구조건과 관심사를 충족시키는 것이다.

---

5) Tenah와 Guevera의 정의를 발췌하면 다음과 같다.
··· a special team effort of owner, architect/engineer and construction manager : it is a technical and business management service required for planning, implementation, and control of the use of the resources necessary from the start of design to the completion of construction.
Tenah, K.A., and Guevera, J.M., Fundamentals of Construction Management and Organization, Rseton Publishing Co., Inc, 1985. p.385.
6) 이에 대한 구체적인 기술은 다음과 같다.
···construction manager may be defined as a specialized firm or organization which furnished all the administrative and management services of a general contracting organization as well as all of the consulting services necessary and as required by the owner from planning through design and construction to commissioning.
Tenah, K.A., and Guevera, J.M., Fundamentals of Construction Management and Organization, Rseton Publishing Co., Inc, 1985. p.385.

3) 이를 위해 사업초기부터 품질·비용·공기의 최적화를 도모하고
4) 건설에 참여하는 이해관계자 집단이 노력에 대한 합리적 수준의 이익을 보장받도록 하는 것이다.

학문적 차원의 CM은 건설분야의 기술을 경영과 접목시킨 새로운 영역이다. 기술관리, 경영·의사결정, 기업문화 그리고 거시적 관점의 건설산업 및 건설경제까지 포괄하는 광범위한 학문이다.

CM의 실무적 의미는 하나의 계약형태로 이해될 수 있다. 설계와 시공을 분리해서 발주하는 전통적 계약이나 턴키(turn - key) 방식의 한계를 극복하기 위한 대안으로 고려될 수 있다.

기획·계획·설계·시공·감리가 서로 다른 집단(조직)에게 할당되어 순차적(sequential)으로 진행되는 전통적 계약방식은 오랜 기간에 걸쳐 우리와 친숙해진 제도로서

1) 착공 전에 정확한 예정가격의 산출이 가능하고
2) 경쟁유도를 통해 공사비를 절감할 수 있으며
3) 계약이 체결되면 발주자의 위험부담이 감소된다는
장점을 갖는다.

그럼에도 이러한 전통적 방식은

1) 기획·계획에 설계자가 참여하지 못하여 사업성공 여부에 영향을 미치는 문제점이 조기에 검토될 수 없다.
2) 같은 맥락에서 설계단계에 시공자가 합류할 수 없어서 시공성을 향상시킬 수 있는 대안이 설계에 반영될 수 없고
3) 순차적 진행으로 인해 공사기간이 늘어나고 공사비가 증가될 우려가 있으며
4) 다양한 집단(조직)의 이해관계 불일치로 유발되는 갈등을 중립적 위치에서 조정해 주는 역할의 수행자가 없다는 결함을 갖는다.

이러한 문제점을 해소할 수 있는 다소 진전된 계약방법이 설계시공일괄입찰로 표명되는 턴키(turn - key) 방식이다. 턴키방식은 설계·시공을 일괄 계약하여 시공자의 전문성과 경험을 설계단계부터 활용할 수 있다. 아울러 설계·시공 병행추진(fast tracking)을 통해 공기를 단축할 수 있다.

그러나 턴키방식에 의할 경우
1) 일정시점에 이르러서야 정확한 공사비를 파악할 수 있고
2) 일반적으로 총액계약에 의하기 때문에 시공자는 품질보다 이익확보에 더 치중한다.
3) 또한 설계·시공을 단일업체가 수행하기 때문에 참여집단(조직) 상호 간의 견제를 통한 검토가 불가능하여
4) 공기와 공사비에 영향을 미치는 문제들이 사전에 노출되지 않을 우려가 따른다.

5) 아울러 업체선정을 위한 설계평가를 평가위원의 주관적 판단에 맡길 수밖에 없는 현실에서 업체의 치열한 경쟁으로 인해 파생되는 불합리한 문제의 심각성도 적지 않다.

CM은 턴키(설계시공일괄입찰) 방식의 장점을 극대화하면서 단점을 극복할 수 있다. CM 계약은 발주자와 CMr의 상호신뢰를 전제로 성립된다. CMr은 발주자의 조언자로서 기획·계획·타당성분석·설계 업무를 지원하고 참여집단(조직)의 갈등·상충을 관리하는 리더(leader)의 역할을 한다. 또한 설계·시공과정에서 가치공학(Value Engineering)과 수명주기비용분석(Life Cycle Costing) 등의 기법을 적용하여 품질향상과 비용절감을 도모할 수 있다.

CM 계약은 사업의 특성과 집행여건에 따라 CMr과 발주자가 협의하여 다양한 형태로 체결할 수 있다. 대표적 계약 형태는 (그림 1.4)와 같이 CM for fee와 CM at risk 방식의 두 가지다.

CM for fee 방식에서는 CMr이 설계·시공에 개입하지 않고 발주자의 능력을 보완하기 위해 기획·계획·타당성분석·설계를 지원하고 설계·시공과정의 조정자 역할을 하면서 사업비의 2~6% 수준에 해당하는 수수료를 받는다. 다만 사업추진의 결과에 대한 책임은 발주자에게 귀속되기 때문에 능력이 부족한 CMr을 고용하면 사업의 실패 가능성이 농후해진다. CM at risk 방식은 CMr이 시공자를 선정하여 공사를 수행하고 이윤도 추구하는 방식이다.

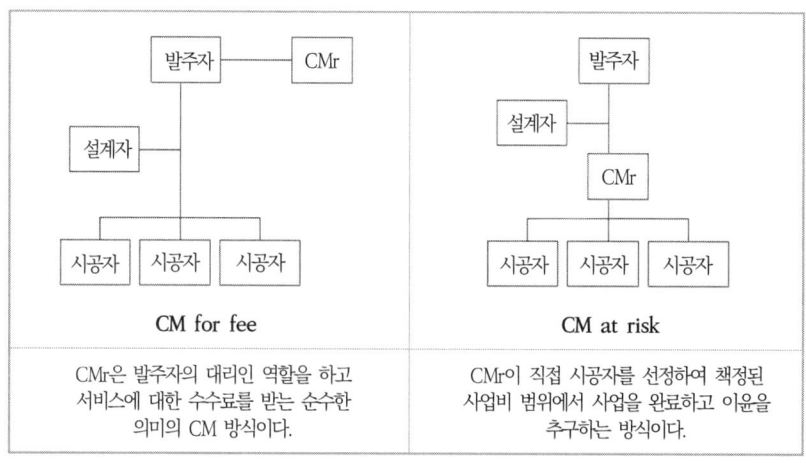

(그림 1.4) **CM for fee와 CM at risk 방식의 비교**

두 가지 방식 모두 설계자는 발주자에 의해 독립적으로 선정된다. 어떤 방식이 더 바람직한지에 대한 판단은 사업의 특성과 여건 그리고 목적에 따라 달라진다.

발주자가 사업수행에 대한 풍부한 경험을 필요로 한다면 CM at risk 계약이 바람직하다. 그러나 이는 발주자가 시공자를 직접적으로 견제할 수 없다는 단점을 갖는다. CM for fee 방식은 발주자의 기획·계획 기능을 강화할 수 있지만 CMr이 사업에 대한 최종적인 책임을 지지 않기 때문에 확고한 신뢰관계를 전제로 한다.

따라서 어느 한 가지 방식을 고수하기 보다는 발주자와 CMr이 사업의 목적과 여건을 고려하여 협의·결정하는 것이 바람직하다.

그리고 어떤 방식이든 CMr이 설계·시공에 직·간접적으로 참여하기 때문에 발주자는 CMr·설계자·시공자 사이의 업무적·인간적 조화와 균형이 깨지지 않도록 각자의 책임과 권한을 명확히 규정해 놓아야 한다.

그럼에도 CM for fee와 CM at risk 중 어느 방식이 더 적합한지에 대한 판단은 CM의 기본정신을 근거로 이루어져야 한다. CM은 시공자에 비해 기술력과 전문지식이 부족한 발주자의 능력을 강화하기 위해 태동된 방식이다. 비용지불 주체인 발주자가 사업의 수혜자가 될 수 있도록 시공자 중심의 여건을 발주자 우위의 상황으로 바꾸어 놓기 위한 것이다.

우리나라의 경우 CM at risk 방식을 수행할 수 있는 기술력과 자본력은 상위 도급순위의 건설사가 보유하고 있는 반면, 상대적으로 취약한 사업관리 업체는 소극적 형태의 CM for fee 시장을 점유하고 있다. 이러한 여건에서 CM의 기본정신에 충실한 접근법은 대형 건설사가 CM at risk 업무를 수행하도록 여건을 조성하는 한편, 발주자 우위 체제가 손상되지 않도록 법과 제도를 정비하는 것이다.[7]

---

[7] 우리나라의 경우 '설계감리+시공감리+α(VE 등)'를 사업관리(CM)로 간주하고 있다. 아울러 CM의 본질과는 다소 거리가 먼 감리 수준의 업무를 수행하고 있다는 점에서 건설 선진화 정책의 일환으로 CM 업무의 질적 수준을 제고해야 할 것으로 판단된다. 또한 설계 이전단계의 기획·계획·타당성분석 업무를 CM에 포함시키는 한편, CM at Risk 방식도 적극 도입해야 할 것으로 사료된다.

CM 서비스의 광범위성과 다양성을 고려하면 업무적 특성에 따라 다양한 집단(조직)이 CM 시장에서 나름대로의 역할을 분담할 수 있을 것이다. 설계업체는 기존의 설계·계약관리 업무를 차별화시켜서 CM for fee 시장에 진입할 수 있다. 부동산 개발회사와 산업공학 분야 전문가 집단 그리고 컴퓨터 소프트웨어 개발업체는 물론 특정분야의 경영컨설턴트도 역할을 특성화하여 건설사업의 목적이나 발주자 요구조건에 부합시킬 수 있다면 CM 시장에 합류할 수 있을 것이다.

　서비스의 다양성은 CM 방식이 갖는 중요한 특징이다. 따라서 CM 업무에 대한 획일적 기준을 설정하기 보다는 발주자가 사업 특성과 여건에 따라 소요기능을 선별할 수 있도록 제도적 다양성을 추구하는 것이 바람직하다. CM을 필요로 하는 발주자 조직은 상당 수준의 사업관리체계를 갖춘 경우가 많기 때문에 필요한 기능을 선택적으로 도입할 수 있도록 하는 것이 바람직하기 때문이다.

　CM 방식을 도입하면 전통적 건설방식에서는 불필요했던 CM fee가 추가되기 때문에 발주자에게 별도의 비용부담을 안겨준다는 주장이 제기되기도 한다. 그러나 설계·시공단계의 CM fee는 이미 사업관리비(설계감리비+시공감리비+VE 비용 등)로 충당되고 있는 현실에서 순수 증가비용은 기획·계획 단계의 수수료에 국한된다. 반면에 총사업비에 대한 2~6% 수준의 CM fee는

1) 기획·계획·타당성분석을 통한 경제적 설계대안의 설정과 투자 의사결정
  2) 설계·시공 병행추진(fast track)에 의한 공기단축 및 비용절감
  3) 체계적 품질관리를 통한 공사의 질 향상
  4) 사업추진과정의 분쟁·갈등 최소화 등의

정량적 이익과 정성적 혜택으로 충분히 상쇄될 수 있다. 외국의 실례를 보면 설계과정에서 6~8%, 시공단계에서 5~6%의 비용을 절감할 수 있고 사업전반을 통해서는 10~12%의 비용감소 효과를 기대할 수 있다고 알려져 있다.

CM의 실무적 의미를 파악하기 위해 감리, CM, 공사관리, 그리고 PM을 비교하여 이해할 필요가 있다.

먼저 감리와 CM의 차이점을 파악해 보자. 감리는 발주자가 부담하는 비용으로 발주자 대리인인 감리자가 시공단계에서 원가·품질·공정·안전관리를 수행하는 것이라면 CM은 발주자가 고용한 CMr이 기획·계획·타당성분석·설계·계약·시공·시운전에 이르는 전 과정에 걸쳐 발주자를 지원한다는 점에서 훨씬 더 포괄적이다. 따라서 감리는 건설사업 전반을 총괄적으로 조망하여 경영·관리 서비스를 제공하는 CM과 구분되어야 한다.

CM과 공사관리의 차이점은 활용주체와 기능의 제공시기로

구분된다. CM은 발주자가 고용한 CMr이 사업 전 과정에 걸쳐 제공하는 종합적 서비스인 반면, 공사관리는 시공자가 시공단계에서 발주자와 체결한 계약조건을 이행하면서 이익을 극대화하기 위해 원가·품질·공정·안전관리를 실시하는 것이다.

PM은 활용주체와 무관하게 모든 유형의 사업관리를 총괄적으로 지칭하는 것이고, CM은 건설사업에 국한되는 관리체계를 말한다. 그렇다고 PM 영역이 CM 분야 보다 더 광범위다고 할 수는 없다. PM이 사업단위로 이루어지는 업무라면 CM은 PM에서 다루지 않는 조직·전략·기업문화 등을 포함하는 별도영역을 포함하기 때문이다. CM은 광범위한 PM에서 건설영역을 확보하여 새로운 내용을 추가한 것으로 볼 수 있다. 따라서 CM과 PM을 명확히 구분하려는 시도는 그다지 큰 의미를 갖지 못한다. 우리나라 관련법에서도 CM과 PM을 결합한 CPM(Construction Project Management)의 의미인 '건설사업관리'라는 용어를 채택한 것에 유념할 필요가 있다.

CM 구성원의 역할

전통적 건설방식에 비해 중요성이 한층 더해진 발주자의 역할부터 살펴보자.

• 발주자는 사업특성에 적합한 추진방식을 결정하고 역량을 갖춘 CMr을 선정해야 한다. 선정된 CMr은 기획·계획·타당성분석과

대안의 평가 및 의사결정을 지원하고 설계·시공을 관리하면서 발주자·설계자·시공자의 갈등을 관리할 수 있어야 한다.
- 발주자는 CMr의 지원을 받아 사업에 적합한 설계자·시공자를 선정하고 각 참여집단(조직)의 역할과 책임을 계약서에 구체적으로 명시하여 분쟁을 최소화시켜야 한다.
- 계약방식·공사비·공기·지출경비를 확정하고 공공기관과의 협의도 지원해야 한다. 아울러 CMr과 협의 없이 각 구성원에게 직접 지시하거나 임의적·독단적으로 업무를 변경해서는 안 된다.

이러한 원칙을 준수하면서 발주자는 다음 사항에 유념해야 한다.

1) CMr에게 사업비의 2~6% 수준에 해당하는 CM fee를 지불해야 한다. 따라서 기대혜택이 부담비용을 상쇄하고도 남음이 있다고 판단될 경우에 한해서 CM을 도입해야 한다.

2) CM 방식에서 시공자·하도급자 구분 없이 사업수행자가 발주자와 직접 계약을 체결하는 경우 재정보증요건은 피계약자 각자가 자체적으로 구비해야 한다. 재정능력이 취약한 업체가 발주자 요구에 부합하는 조건을 갖추기 어렵기 때문에 기술력을 갖춘 업체가 재정능력 미비로 인해 입찰대상에서 배제될 수 있다.

3) CM for fee 방식의 경우 CMr은 시공자와 계약관계를 형성

하지 않기 때문에 시공자를 통제하여 발주자 우위를 확보하게 할 수 있는 리더십을 발휘하지 못할 수 있다. 발주자는 계약조건에 따라 CMr이 실질적 통제력을 행사할 수 있도록 의사결정권을 넘겨줘야 한다.

4) 설계·시공을 병행할 경우 다중계약을 관리하기 위해 각별한 노력을 기울여야 한다. 특히 중복영역에 대한 책임구분, 전문업체의 책임증대, 재정능력이 취약한 전문업체의 보증요건 확보 등을 위해 관심을 기울여야 한다.

5) 공사완료를 보장하는 최대금액이 사전에 확정되지 않으면 공사비 초과나 공기지연의 책임을 CMr에게 물을 수 없기 때문에 건설여건과 사업성격에 따라 CM at risk 방식을 도입할 필요가 있다.

6) CMr의 리더십과 관리능력은 참여집단(조직)의 의사소통과 협조에 직접적으로 기여한다. 권위적인 CMr이 바람직하지는 않지만 그렇다고 너무 유약하거나 민주적 CMr도 바람직하지 않다. 리더십과 관리능력을 겸비한 유능한 CMr의 선정이 무엇보다 중요하다.

7) 가격 위주의 CMr 선정은 위험한 결과를 초래할 수 있다. 일감이 부족한 CMr은 매우 낮은 가격에도 계약에 응하지만 결과적

으로 사업을 효과적으로 관리하지 못하여 발주자에게 큰 손해를 입힐 수 있다.

설계자의 역할을 살펴보자. CMr과 설계자의 업무가 명확히 구분되지 않으면 적지 않은 문제가 발생한다.

- 설계자는 설계내용이 공사에 적절히 반영되는지 여부를 확인하고 설계변경 사안을 검토해야 한다.
- CMr에게 설계의도를 정확히 전달하고, 시공자의 현장작업도면이 설계방향과 일치하는지 여부를 판단해야 한다.
- CMr이 시공성을 검토하여 설계변경을 제기할 경우 변경사안이 설계맥락에 어긋나지 않는다면 적극적으로 협조해야 한다.

시공자 역할은 전통적 건설방식과 크게 다르지 않다.
- 공사내용을 파악하여 추진계획을 수립하고 적절한 공법·장비를 선정하는 한편,
- 인력·자재 수급과 공사품질·안전성 확보에 대한 책임·권한을 유지하면서 CMr의 요구에 최대한 협조해야 한다.

이제 CM의 핵심으로서 발주자·설계자·시공자가 삼각구도를 형성하여 추진하는 전통적 건설방식의 중심부에 진입한 제4의 존재인 CMr(Construction Manager)의 역할을 살펴보자.

기획·계획 단계에서 CMr은
- 관련정보의 흐름과 절차를 설계하고 참여집단(조직)에게 전문지식과 서비스를 중립적 위치에서 제공해야 한다.
- 발주자를 조언하여 사업목표를 명확히 하고, 그 목표를 달성할 수 있는 사업계획을 수립해야 한다.
- 사업계획의 타당성을 분석하여 최적의 설계대안을 마련하고 역량을 갖춘 설계자·시공자가 선정되도록 지원해야 한다.
- 사업추진상황을 파악하여 발주자에게 수시로 제공해야 한다.
- 건물(시설)의 건설·운용과정에서도 비용·리스크·성능 측면에서 경쟁력을 유지할 수 있는 기준을 제시하고, 사업성 검토에 필요한 할인율(discounted factor)을 결정해야 한다. 이를 위해 상황에 따라서는 특정지역의 시장조사(market survey)도 병행해야 한다.

설계단계에서 CMr은
- 설계자와 협조관계를 유지하면서 전문지식과 경험을 동원하여 설계를 검토하고, 특정 건물(시설)의 시스템과 구성요소 그리고 공법을 제안해야 한다.
- 높은 비용이 소요되면서도 역할·기능이 미약한 부분을 식별하여 품질향상·예산절감을 구현할 수 있는 가치공학(VE) 기법 등을 활용해야 한다.
- 특정지역의 공사비 추세와 자재·인력의 가용여부와 관한 최신정보를 발주자에게 적시에 제공해야 한다.
- 설계·시공 병행이 가능한 부분을 하나의 입찰단위로 통합·집행하여

공기단축·비용절감을 실현해야 한다.
- 확보에 장시간이 소요되는 자재의 적기조달이 가능하도록 하는 구체적 일정계획을 마련해야 한다.

입찰과정에서 CMr은
- 참여업체의 자격과 능력을 심사해야 한다.
- 전문업체의 재정능력과 실적 그리고 유사 공종의 시공결과에 대한 품질수준을 평가해야 한다.
- 계약단위가 너무 커서 특정업체 시공능력으로 감당할 수 없다면 공사 특성과 여건에 따라 전체 공종을 몇 개의 작업단위로 분리하여 발주해야 한다.
- 낙찰가격은 입찰참여업체 수와 관련이 있기 때문에 특정지역으로 참여업체를 제한할 경우에는 그 필요성을 충분히 검토해야 한다.
- 필요에 따라서는 계약을 보다 구체적 단위로 세분하여 다수의 소규모 업체 참여를 유도할 필요도 있다. 이러한 경우 참여업체가 사업 요구조건과 제한사항을 숙지할 수 있도록 필요한 정보를 사전에 제공해야 한다.
- 입찰 이후 계약체결에 앞서 업체가 제시한 공사비·공기를 분석하여 공사계획에 반영해야 한다.

시공단계에서 CMr은
- 발주자·설계자(A/E)·시공자의 업무가 체계적으로 이루어지도록 업무절차와 검토·승인 부서를 명확히 하여 현장소통(on - site

communication)이 원활하게 이루어지도록 해야 한다.
- 시공자가 제시한 공사일정을 실제 공정과 비교·검토하여 현실적 계획으로 발전시켜야 한다.
- 현장작업도면을 검토·확정하고 소요자재의 현장인도 가능시기를 판단하여 구매·계약과 연계시켜야 한다.
- 품질·공정·안전 관리계획을 점검하고 노무수급계획을 수립해야 한다.
- 지불사항을 결재하고 발주자의 변경요구를 시공자와 협의·반영해야 한다.
- 추가비용 지불계획을 수립·시행하며 필요시 공공기관과의 협의도 주관해야 한다.
- 시공과정 전반에 걸쳐 CMr은 현장의 제반상황을 파악하고 발생 가능한 문제점에 대응할 수 있는 만반의 조치를 취해 두어야 한다.
- 불가피한 상황에서 예기치 못한 문제가 발생다면 CMr은 해결사(trouble shooter)로서 공정한 역할을 해야 한다. 예를 들어 설계도서 오류로 인해 불이익을 당한 시공자가 클레임을 제기한 경우 신속·정확하게 보상해야 한다.
- 내·외부 정보를 철저히 관리하여 공정의 병목(bottleneck) 현상과 비용부족 문제를 사전에 방지해야 한다.

CMr은 상기 기본업무 외에도 자신의 책임영역을 구체적으로 인식해야 한다. 계약서에 명시된 업무를 소홀히 하여 발주자가 직·간접적 피해를 입었다면 실질적 책임을 부담해야 한다. 예를 들어 설계검토에 부주의했다면 설계자와 대등한 수준의 책임을 져야 한다. 실제로 투입된 공사비가 예상 공사비를 훨씬 초과했다면 어떠한 형태로든 책임을 져야 한다.

CM for fee 방식의 경우 공정계획에 따라 다수 시공자의 활동을 조정·통제할 책임은 궁극적으로 발주자에게 있지만, CMr도 발주자 대리인으로서 나름대로의 책임을 감수해야 한다. 공사의 점검·검사·계측에 중점을 두는 감리업무를 설계자가 회피하는 경향을 보이는 상황에서 CMr의 책임은 더욱 가중될 수밖에 없다. 동일한 맥락에서 현장근무자의 안전사고에 대한 근본적 책임은 시공자에게 있지만 CMr도 안전관리계획을 검토해야 하는 의무를 갖기 때문에 책임을 완전히 면할 수는 없다.

CM의 장점과 본질적 결점

CM의 본질은 건설사업 추진과정에서 복잡하게 얽혀 있는 자재·기술·공법·돈·사람·시간 등의 제반 요소를 체계적으로 분석·종합하여 발주자의 이해관계에 부합하는 사업관리 시스템을 구축·운영하는 것이다. CM과 전통적 건설방식의 근본적 차이는 무엇인가?

전통적 건설방식이 사업추진 결과의 효과성에 중점을 두었다면 CM은 여기에 추진과정의 합리성을 추가한 것이다. 전통적 방식이 발주자가 부담하는 비용으로 사업목적에 부합하는 건물(시설)을 생산할 수 있는지의 여부에 중점을 둔 결과 사업추진과정을 하나의

'black - box'로 보았다면 CM 방식은 추진과정을 투명화·객관화 시켜서 'glass - box'로 전환시키는 것이다. CM을 통해 발주자는 건설사업의 추진 과정과 결과를 문서화된 제반서류를 통해 확인하여 스스로 부담한 돈의 흐름을 파악할 수 있기 때문이다.

CM을 통해 발주자는 다음과 같은 혜택을 기대할 수 있다.

1) 기획·계획 단계에서 CMr의 지원을 받아 시공자가 시공과정에서 활용하는 수준 이상의 구체적 정보·전문지식을 설계에 반영하여 최적의 설계를 구현할 수 있다. 설계과정에서도 CMr의 기술적 조언과 설계·시공성 검토를 통해 다양한 공법과 기술을 적기에 도입하여 공사비절감과 공기단축 효과를 도모할 수 있다. 또한 발주자와 설계자의 의견이 상반될 경우 CMr의 중립적 조언으로 합리적 해결책을 모색할 수 있다. 시공단계에서도 CMr의 조율을 통해 발주자·설계자·시공자의 소통이 원만하게 이루어져서 다양한 유형의 정보와 지식이 사업에 반영될 수 있다.

2) 비용·일정과 시공자 능력에 관한 CMr의 객관적 분석을 통해 발주자는 최적의 의사결정을 추구할 수 있다. 또한 설계·시공 병행추진(fast track)으로 전통적 건설방식이 갖는 순차성의 한계를 극복하여 공기·비용의 동시절감 효과를 기대할 수 있다.

3) 기획·계획·타당성분석·설계·입찰·계약·시공·운영유지의 각 단계

에서 CMr은 비용절감과 품질향상을 위해 가치공학(VE)을 적용하고 수명주기비용분석을 실시하여 발주자에게 유익한 대안을 제공할 수 있다.

그러나 어떠한 제도나 방식도 장점만을 가질 수는 없다. CM이 예외가 될 수는 없다. 발주자는 다음과 같은 CM의 본질적 결점을 인식하고 있어야 한다.

1) 설계시공 병행추진(Fast Track) 방식이 시도될 경우 발주자는 공사착수 시점에서 정확한 공사비를 파악하기 어렵다. 공사진행 과정에서 공사비가 증가될 수 있기 때문에 다소 일찍 공사를 마무리해도 실질적 효과는 저감될 수 있다. 대부분의 경우 사업 추진과정에서 예산부족에 직면하기 때문에 공사비증가 리스크를 회피하기 위해 발주자는 전통적 방식의 총액계약방법을 더 선호할 수 있다.

2) 발주자는 건설사업 추진과정에 수시로 개입하여 사업성공 여부에 직접적 영향을 미치는 결정을 신속히 해야 한다. 따라서 CMr의 조언을 받아 시의 적절하게 판단·결정해야 하는 발주자의 경험·능력이 가장 중요한 요소다. 상당 수준의 능력을 갖추지 못한 발주자는 결정에 대한 책임의 부담에서 결코 자유로울 수 없다.

3) CM에서 발주자 능력과 더불어 CMr 역량의 중요성은 아무리

강조해도 지나침이 없다. 그러나 CM for fee 방식에서는 CMr이 공사비·품질에 대한 법적 책임을 지지 않는 것이 상례다. 따라서 능력 미달의 CMr이 선정되었을 경우의 문제점은 기존 전통적 방식의 경우 보다 훨씬 더 심각하다.

발주자는 이러한 문제점을 최소화하면서 CM의 효용을 극대화하기 위해 CM 도입에 앞서 다음 사항을 고려해야 한다.

1) CM은 사업규모가 크고 난이도가 높아 일정지연이 예상되는 사업에 적용하는 것이 바람직하다. 규모가 적으면 대개 사업기간이 짧기 때문에 CM을 통한 공사비 절감 기회가 적고 비용이 효과를 초과할 수도 있다. CM은 구역을 분할하여 동시다발적으로 추진하는 대규모 사업에서 복잡한 계약과 공종을 관리하기 위해 필요하다. 사업기간이 긴 대형사업의 경우 공기단축을 공사비 절감과 연계시킬 수 있고 조기사용을 통해 수익증진과 편익향상을 함께 도모할 수 있기 때문이다.

2) 설계·시공을 병행 추진하는 공사는 설계도서와 시방서 작성이 완료되기 전에 착수되고 공사계약도 실시설계 완료에 앞서 체결된다. 따라서 예기치 못한 상황에 대비하기 위해서는 예비비(contingency cost)를 편성해야 한다. 이러한 상황에서 CM은 총액입찰방식보다 사업비 확정에 더 많은 불확실성이 따르고 시간도 더 소요된다. 따라서 CMr은 첨단의 공사비 예측방식과 견적기법을

활용하여 보다 현실적인 사업비를 신속하게 산정할 수
있어야 한다.

3) CM 업무영역이 광범위하기 때문에 다양한 유형의 집단(조직)
으로부터 여러 가지 형태의 서비스를 제공받을 수 있다.
그러나 이들 모두가 CMr에게 요구되는 수준의 경험과 능력을
갖추고 있다고 볼 수는 없다.

4) CMr의 다양한 서비스에 대한 객관적 보수기준을 설정하기
어렵다. CM 서비스에 대한 보수는 외국의 경우 원가정산이익
확정계약(cost plus fixed fee contract) 방식에 따라 사업비의
2~6%가 지불된다. 발주자는 적절한 공사비 분류체계에 따라
공사비가 합리적으로 산정되었는지 여부를 철저히 검토해야
한다.

5) 건설사업의 전개지역에 관한 지식·정보 획득이 무척 중요하다.
특정지역의 공사비 소요와 가용 인력·자재 그리고 교통·지리
여건에 대한 상황과 정보는 CM 수행에 중요한 요소이기 때문
이다.

6) CM for fee 방식에서는 CMr에게 공사비 부족과 공기지연
등으로 인한 문제에 대하여 법적책임을 물을 수 없다. 따라서
CMr은 제한된 예산·시간의 범위에서 사업을 완료해야 한다는

부담을 갖지 않을 수 있다. 따라서 발주자는 사업 착수에 앞서 공사비 범위를 명확히 설정하고 필요에 따라서는 위험부담을 감수하도록 하는 CM at risk 방식도 도입할 필요가 있다.

7) 건설사업의 어느 단계에 CM을 적용할 것인지를 고려해야 한다. CM의 적용단계는 발주자 능력과 사업특성에 따라 달라진다. 지배적 견해는 CM을 일찍 도입할수록 더 유리하다는 것이다. 사업초기의 의사결정이 사업 전체에 가장 큰 영향을 미치는 반면, 발주자가 직접 이 시점에 사업 목표·범위 설정 및 타당성 분석·평가 등을 수행하기에는 무리가 따르기 때문이다. 이러한 상황에서 CMr은 세련된 사업계획을 수립하여 타당성 여부를 평가하고, 사업을 효과적으로 수행할 수 있는 설계·시공업체를 선정하도록 발주자를 지원할 수 있다.

CM을 적용하여 성공적 결과를 얻은 사업의 특징은 무엇인가? 필자의 분석한 결과에 따르면 그 특징은 다음과 같다.

1) CMr이 설계이전에 참여하여 초기에 발주자 의사결정을 효과적으로 지원하였다.

2) CM에 참여한 구성원들 모두가 자격을 갖춘 유능한 사람들이었고 각자가 자기 역할을 신속·정확하게 수행하였다.

3) 발주자는 자신의 역할에 대한 중요성을 인식하고 필요한 의사 결정을 시의 적절하게 수행하였다.

같은 맥락에서 실패한 CM의 특성은 무엇인가? 실패의 대부분은 부적절한 사업비와 비현실적 공기에서 비롯되었다.

공사비·공기 산정 오류 외에도 부적절한 계약에 기인하는 경우도 있다. 미국에서 가장 보편적인 계약은 CM at risk 방식이다. CM at risk는 발주자와 CMr이 협의하여 결정한 최대보증가격(Guaranteed Maximum Price) 범위에서 최종 산출물의 인도를 보장하는 방식이다. 발주자나 설계자에 의해 야기된 문제가 아니라면 공사비 부족에 따른 책임은 CMr이 부담한다.

한편, 당초 설정된 사업비 이하로 사업을 완수하면 CMr은 통상 절감액을 발주자와 50 : 50, 70 : 30, 40 : 60 등의 비율로 분배하는 상호분배규정(share - saving incentive clause)을 계약조건에 포함시킨다.

이러한 계약방식은 발주자에게도 유리하지만 가장 큰 문제는 CMr이 절감액의 배분을 보다 많이 받기 위해 과다한 최대보증가격을 제시할 우려가 있다는 것이다. 따라서 발주자는 별도 컨설턴트의 도움을 받아 산정한 적정 사업비를 CMr에게 제시하는 것이 바람직하다.

그렇지 않으면 불합리한 관습의 희생양이 될 수도 있다. CMr이 과다 산정한 최대보증가격을 근거로 경쟁입찰을 실시하여 극히 낮은 금액으로 주요 시공자들과 계약을 체결하면 결과적으로 엄청난 금액의 절감이 이루어지기 때문에 CMr과 발주자는 절감액의 상호분배를 통해 적지 않은 금전적 혜택을 얻을 수 있다. 그러나 사업에 참여한 업체 대부분은 파산할 수밖에 없는 상황에 이를 수도 있다. 물론 CMr 입장에서는 성공적이겠지만 이러한 관행이 지속되면 바람직한 CM 계약의 질서가 뿌리를 내릴 수 없게 된다. 따라서 절감액은 VE 실시를 통해 확보된 것으로 한정시킬 필요가 있다.

건설경영전략가의 마인드 - 무엇을 공부해야 하나?

지금까지 건설경영개념이 제도적으로 표출된 CM의 의미를 파악하고 그 장점과 본질적 한계점도 규명하였다. (그림 1.1)에서 제시된 개념적 틀을 구성하는 구성원의 역할과 업무적 연계성도 살펴보았다. CM 업무체계의 중심에서 핵심기능을 수행하는 CMr의 역할도 파악하였다.

결국 CMr의 핵심역할은 고객인 발주자와 계약관계를 형성하여 사업 초기에 사업목표를 명확히 정립하도록 조언하고 사업이 구체화되는 시점에서는 역량을 갖춘 설계자·시공자를 선정하여 적절한 방식의 관리 서비스를 제공하는 것이다. 그렇다면 역량을 갖춘 CMr이 되기 위해 무슨 공부를 어떻게 해야 하는가?

우선 CM 계약업무를 살펴보자. CM 계약은 본질적으로 발주자와 CMr이 협의하여 사업특성에 적합한 방식으로 체결되는 것이기 때문에 정형화된 틀이 있을 수 없고, 그 내용도 학문적이지 않다. 사업 초기단계의 대부분 업무도 얼마나 세련된 방식으로 진행되는가의 문제는 있지만 전통적 방식에서 다루어지는 내용이다. 설계·시공 과정의 원가·품질·공정·안전 관리도 그 동안 일상적으로 추진해 온 업무영역으로서 기존방식의 내용과 다르지 않다.

CM 업무의 세부사항이 기존의 내용과 대동소이하다면 구태여 새로운 공부를 시작할 필요가 없지 않는가? 지금까지 다루어 온 구체적 사안을 CM 매뉴얼(manual)에 수록하여 업무수행 과정에서 이행하면 그만 아닌가?

문제는 CM 업무의 제반사항을 모두 매뉴얼에 수록할 수 없다는 것이다. 수록한다고 해도 그대로 이행할 수 없고 이행한다고 해도 성공적인 결과를 보장할 수 없다는 것이다. 왜, 그러한가? CM은 다음과 같은 속성을 지니고 있기 때문이다.

첫째, CM은 관리기술이고 시스템 기술이다. 특정기술 자체보다는 시스템적 관점에서 다양한 기술의 특성과 기대효과 그리고 강·약점을 파악하여 사업여건에 맞추어 나가는 관리방업이다. 특정 요소기술의 중요성을 인정하지만 개별적 기술은 노력을 통해 확보할 수 있다고 보는 한편, 건설상황을 정확히 파악하고 다양한 기술을 적재적소에 적시 배열하여 분야별 기술의 상호작용이 원활하게 이루어지도록 하는 접근법이다. 시스템적 관점에서 부분적 업무의 효율성(efficiency)과 사업 전체의 효과성(effectiveness)이 조화·균형을 통한 시너지 효과(synergy effect)를 추구하는 경영의 기술(Art of Management)이다.

둘째, CM은 무형자산의 속성을 갖는다. CM 업무에 관한 매뉴얼·지침은 쉽게 구할 수 있지만, CM의 실질적 역량은 그러한 결과적 자료의 이면에 배어있는 경영 이론·전략과 조직문화에 근거를 두고 있다. 따라서 효과적 CM 체계는 경영적 접근방법이 특정조직의 문화와 정서 그리고 가치와 융합하여 구축된다. 이러한 과정은 적지 않은 시간·노력이 소요되지만 일단 구축된 체계는 동시다발적으로 활용되어 사업관리 경쟁력을 대폭 향상시킬 수 있다.

셋째, CM은 생산성 위주의 전통적 건설방식에 경영전략과 마케팅(marketing) 원리를 부가하여 창의성 중심의 접근방식으로 전환시킨 것이다. 시공자 위주의 관점을 발주자 중심의 사고로 바꾸지 않으면 급변하는 건설시장에서 생존할 수 없다. CM과 관련된 모든 사안은 발주자에게 보다 많은 혜택을 줄 수 있느냐의 관점에서 검토되어야 한다. 따라서 CM 수행 주체는 사업영역을 확장하여 이익을 창출하겠다는 생각에 앞서 발주자에게 꼭 필요하지만 충족되지 못하여 불편을 유발하는 부분, 즉 필요의 진공(vacuum of needs)을 찾아 신속·정확히 채워 주겠다는 고객지향적 자세를 확립해야 한다.

이제 상기의 관점에서 건설경영전략가로서의 CMr이 핵심역량을 습득하기 위해 숙지해야 할 건설경영전략을 탐색해 보자. 이를 위해 〈그림 1.1〉을 공간적·시간적으로 구분하면 〈그림 1.5〉와 같다.

〈그림 1.5〉에서 우선 수평선으로 상하 양분된 각 영역을 조명해 보자. 중간의 수평선 하부는 CMr의 설계·시공관리 영역으로 기술지향적(technology - oriented) 요소를 내포한다. 우리나라의 건설사업이 그동안 기술에 중점을 두고 추진되어 왔다는 관점에서 이 영역의 업무는 '건설기술'로 규정할 수 있다.

수평선 상부는 건설사업의 초기에 사업목표를 정립하고 기획·계획·타당성분석을 통해 발주자의 의사결정을 지원하는 업무분야로서 기술 자체보다는 기술의 적용상황을 해석하여 사업추진 전략을 수립하는 경영적 특성을 함유하고 있다.

〈그림 1.5〉의 상·하부 모두와 접목된 CMr은 경영자인가 아니면 기술자인가? CMr은 기술업무를 포함하여 사업전반을 아우르는 경영자라는 사실에 유념해야 한다. 건설기술의 문제를 경영전략과 연계시키면서 사업추진과정의 의사결정에 반영하는 건설경영전략가라는 것이다.

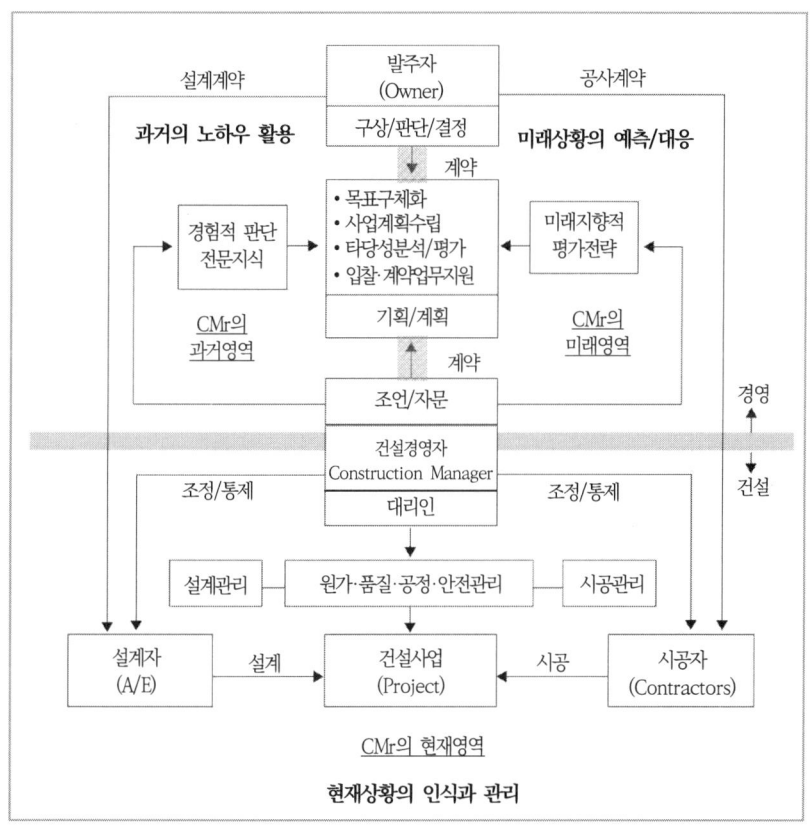

그림 1.5 **CMr의 역할에 대한 공간적/시간적 구분**

 이제 (그림 1.5)에서 제시된 영역을 시간차원에서 현재·과거·미래로 구분해 보자. 이를 위해 (그림 1.5)의 상부를 좌우로 가르는 수직선을 추가하여 전체를 하부·좌측상부·우측상부의 3개 영역으로 구분하였다.

기술분야로 규정된 하부는 설계·시공을 중심으로 건설사업이 전개되는 현재상황을 관리하는 CMr의 업무영역이다. 현재 영역에는 다양한 기술이 활용되고 방대한 규모의 재원이 투입된다. 기술과 돈의 운영주체로서 각기 다른 업무적 배경을 갖는 사람이 집단(조직)의 형태로 참여하여 이해관계의 대립으로 인한 갈등과 마찰을 초래한다. 이와 같이 복잡한 상황에서 CMr은 '시간은 곧 돈'이라는 생각으로 순간순간 제반 사안을 결정하여 발주자와 합의된 기간에 사업을 마무리하지 않으면 안 된다.

현재상황에서 역량을 발휘하기 위해 CMr은 기술에 대한 이해능력과 더불어 발주자의 돈을 효과적으로 관리할 수 있는 지식도 갖춰야 한다. 불가피하게 발생하는 업무적·인간적 갈등과 마찰의 부정적 요소는 최소화하면서 긍정적 효과를 극대화하는 리더십을 발휘해야 한다.

공간적으로 복잡하고 시간적으로 동태적 변화가 진행되는 현재상황에서 발주자를 조언하는 CMr은 과거에 확보한 경험과 전문지식을 활용하고 다양한 전문가로부터 지식을 제공받아 발주자의 문제를 해결해야 한다. 이러한 과정에서 경험·전문지식에 내포된 편견과 오류를 제거하여 사업성공과 직결되는 지식의 본질을 식별해야 한다. 이러한 탐구는 (그림 1.5)의 좌측 상부에 해당하는 CMr의 과거영역에서 이루어진다.

(그림 1.5)의 우측 상부는 CMr의 미래영역이다. CMr은 현재 상황뿐만 아니라 미래환경에서도 경쟁력을 발휘할 수 있는 기술을 도입해야 한다. 초기투자비와 운영유지비를 균형적으로 고려하고 건물(시설) 수명주기가 종료되는 시점의 처분가치(salvage value)도 염두에 두어야 한다. 사회적 변화를 겪으며 진화하는 사람들의 기호와 요구조건을 충족시켜야 한다. 따라서 CMr은 미래의 불확실성을 염두에 두고 현재상황을 관리해 나가야 한다.

이제 다음 장부터는 CMr이 (그림 1.5)의 현재상황과 과거·미래의 영역을 공략하기 위해 필요로 하는 '건설경영 전략과 기술(The Strategy and Art of Construction Management)'을 순차적으로 언급한다.

제 2 장
현재상황의 인식과 분석
- 과거영역에서 현재상황으로…

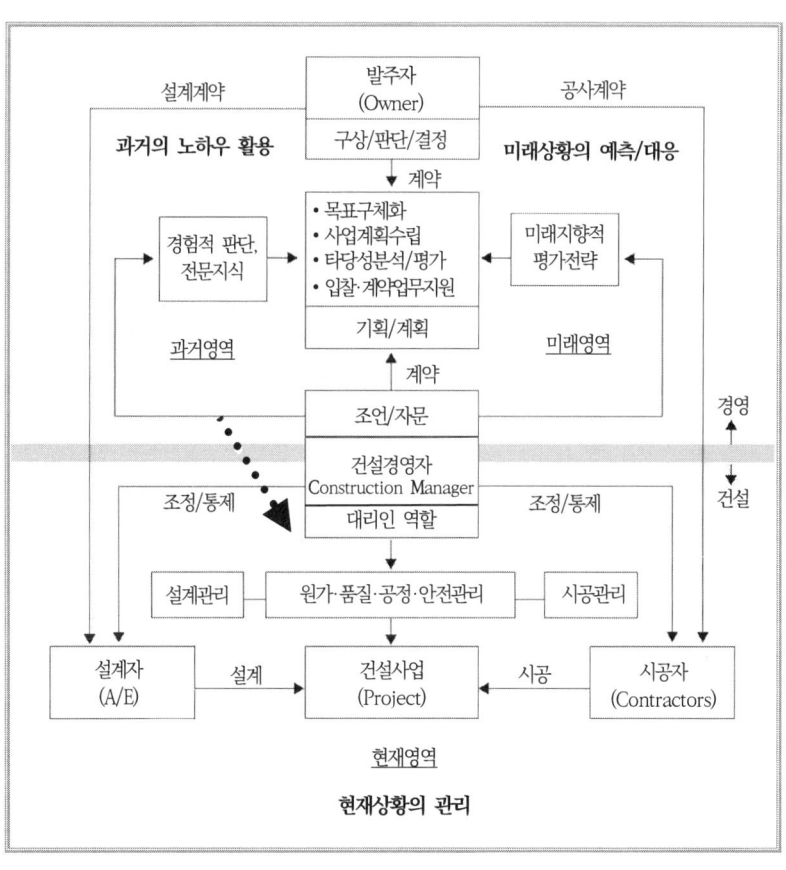

제 2 장
현재상황의 인식과 분석
- 과거영역에서 현재상황으로…

상황인식 - 문제해결범주 설정

　건설경영은 경영자가 상황을 인식하면서 시작된다. 유능한 경영자는 문제와 관련된 한두 마디 말만 듣고도 효력을 발휘할 수 있는 해결책을 즉시 제시한다. 한마디로 말하면 '척하면 척!'인 것이다. 상황을 즉각 인식하고 순발력 있게 판단하여 문제를 해결하는 경영자는 소위 '도사'라는 말을 들으며 사람들의 존경과 사랑을 독차지한다.

　문제에 대한 해결안을 바로 도출하는 경영자의 두뇌는 어떻게 작동할까? 필자는 이 질문에 대한 명확한 답변을 어느 누구로부터도 듣지 못했다. 심지어는 문제를 직접 해결하는 경영자 자신조차도 문제해결 과정의 머릿속 상황을 묘사하지 못했다. 탁월한 경영자의 세련된 사고체계를 이해하고 모방할 수 있다면 경영역량을 대폭적으로 향상시킬 수 있을 것이라는 생각으로 필자가 탐구를 거듭한 끝에 파악한 경영자의 사고체계를 설명하면 다음과 같다.

특정상황에서 경영자는 '내가 해결해야 할 문제는 바로 이것이구나!'라는 생각을 하며 문제를 인식한다. 경험이 부족하고 상황에 밝지 못한 초심자는 서둘러 해결을 시도하면서 시간과 노력 그리고 비용을 투입하지만 문제가 아닌 것을 문제로 인식하거나 문제는 제대로 파악했지만 적절한 해결대안을 제시하지 못하는 경우가 대부분이다.

경영자는 이렇게 어설픈 시도를 하지 않는다. 문제해결에 앞서 그 원인을 규명하고 향후 파생되는 결과를 가늠하면서 당면문제의 심각성과 책임소재를 판단한다. 무엇 때문에 생긴 문제인지, 결과적 영향의 범위와 여파는 어떠할지 그리고 결과에 대한 책임은 누구에게 귀착되는지도 고려한다. 감사나 조사를 받으면 누가 감당해야 하는지도 생각해 본다.

이와 같이 문제의 인과관계를 규명하고 나면 상황이 간단하지 않다는 사실을 깨닫게 된다. 기술적 전문성 이면에 돈 문제가 있고, 돈의 배경에는 사람들 사이의 복잡한 이해관계가 잠재되어 있다. 이해관계를 하나하나 따지다 보면 시간적 제약에 부딪친다.

상황이 결코 여의치 않지만 경영자도 사람이기 때문에 제한적 인식능력만을 갖추고 있을 뿐이다. 결국 경영자는 문제에 대한 영향인자 모두를 식별하지 못하고 중요하다고 여겨지는 핵심요소만을 파악한다. 이어서 문제상황의 복잡성 정도를 고려하여 머릿속에 해결이 가능한 범주를 설정한다. 이렇게 주관적으로 설정된 문제해결의 범주가 상황(situation)이고 상황을 설정하는 인지적 과정이 상황인식이다.

　상황인식은 경영자가 문제를 식별하여 인과관계를 파악하고, 문제에 영향을 미치는 핵심인자를 규명하여 해결이 가능한 범주를 설정하는 일련의 과정이다. (그림 2.1)은 상황인식을 통해 설정된 문제해결의 범주를 표현한 것이다.

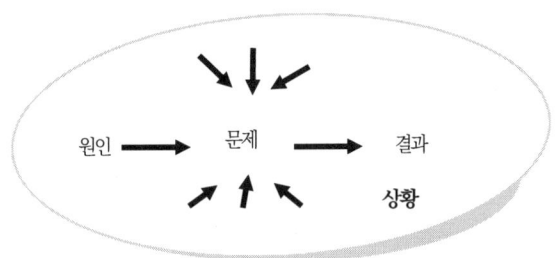

(그림 2.1) **상황인식과 문제해결의 범주**

　경영자는 상황에 대한 직관적 판단을 통해 문제해결의 범주를 순식간에 설정하고 범주적 프리즘(prism)으로 자기 앞의 상황을 해석한다. 상황이 복잡하다는 말은 실제상황의 복잡성을 지칭하는 것이 라기 보다는 경영자의 머릿속에 주관적으로 설정된 인지적 상황이 정돈되지 않았다는 뜻이다. 이러한 관점은 복잡한 상황에서 문제와 관련된 핵심요소 위주로 상황을 단순화시켜서 문제를 순식간에 해결하는 능력이 경영자의 핵심역량이라는 것을 시사한다.

특정분야의 전문가는 비교적 좁고 깊은 문제영역을 다룬다는 점에서 문제에 국한된 상황인식만으로 특수 해를 구할 수 있다. 그러나 상황의 포괄적 이해를 기반으로 보편적 일반해를 추구하는 경영자는 상황인식 수준에서 사고의 전개를 멈출 수 없다. 상황은 끊임없이 변화하기 때문이다. 변화의 이유는 무엇인가? 상황을 지속적으로 자극하는 외부환경이 존재하기 때문이다. 상황은 외부환경과 상호작용하면서 변화한다. 따라서 경영자는 현재상황의 변화를 예견하기 위해 외부환경의 영향을 판단해야 한다. 앞에 제시된 (그림 2.1)에 외부환경을 추가하여 경영자의 사고영역을 확장하면 (그림 2.2)와 같다.

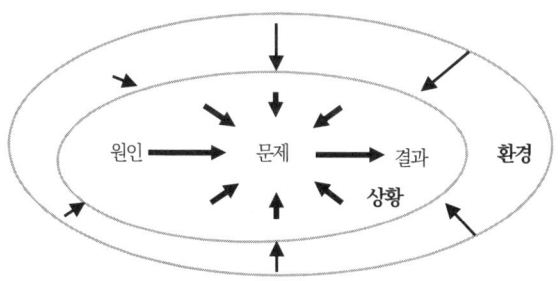

(그림 2.2) **경영자의 확장된 사고영역 (외부환경 추가)**

외부환경 영역이 추가된 (그림 2.2)가 시사하는 의미는 무엇인가? 문제해결의 시도에 앞서 그 원인과 결과를 규명하라는 것이다. 제한적 인식역량으로 인해 모든 요소를 전부 고려할 수 없는 현실에서 문제에 대한 핵심 영향인자를 파악해야 한다는 것이다. 문제의 복잡성과 활용 가능한 인적·물적·시간적 자원을 고려하여 해결이 가능한 범주를 설정하고 현재상황의 변화양상을 예견하기 위해 외부환경의 영향을 고려해야 한다는 것이다.

경영자는 문제 자체만을 보는 과오를 범하지 말아야 한다. 문제의 인과관계와 핵심영향인자 그리고 문제를 포함한 현재상황과 외부환경도 염두에 두어야 한다. 문제 자체는 물론 문제와 관련된 영역 전체를 한꺼번에 조망할 수 있는 지적시야를 확보해야 한다. 이러한 시도가 역량을 갖춘 경영자로 성장하는 첫걸음이다.

【 고전에서 말하는 경영 1 】

문제해결의 범주 설정 : 양 끝을 두드려서 상황을 파악한다.

吾有知乎哉 無知也 有鄙夫問於我 空空如也 我叩其兩端而竭焉
오유지호재 무지야 유비부문어아 공공여야   아고기양단이갈언

(論語 子罕編)
 논어 자한편

내가 아는 것이 있는가? 아무 것도 없다. 모르는 사람이 나에게 물으면 아는 것이 없지만 양 끝을 두드려 파악해보고 성심껏 답한다.

열심히 노력해서 알 수 있는 것이 얼마나 될까? 문제는 넓은 세상에서 우리에게 주어진 시간이 너무나도 짧다는 것이다.

공자(孔子)는 자신의 무지를 인정하고, 문제의 양 쪽 끝에서 동시에 접근하는 소위 '양 끝을 두드리는 방식'을 제안하였다. 개별적 지식에 머무르지 말고 전체적 시각으로 상황을 파악하여 문제해결의 범주를 설정해야 한다는 것이다.

대상의 양 극단을 두드려서 중간에 있는 것들이 다 드러나게 하면 물질의 전체적 모습뿐만 아니라 추상적 개념의 범위도 더욱 더 명확히 파악할 수 있을 것이다.

휴리스틱(heuristics)

문제에 대한 인과관계와 핵심영향인자를 규명하여 문제를 해결이 가능한 형태로 재구성하는 경영자의 두뇌활동을 인지심리학(cognitive psychology)에서 '휴리스틱과정(heuristic process)'이라는 말로 표현한다. 경영자뿐만 아니라 다양한 분야의 전문가도 휴리스틱(heuristics) 능력에 힘입어 문제에 대한 복잡한 분석과정을 거치지 않고도 해결대안을 즉시 제시한다. 휴리스틱은 경영자가 자긍심을 갖고 전문가가 인정을 받도록 하는 귀중한 능력이다.

경영자·전문가를 돋보이게 하는 휴리스틱을 체화시킬 수 있다면 얼마나 좋을까? 이러한 생각으로 휴리스틱을 연구한 필자가 얻은 결론은 무엇인가? 휴리스틱을 체득하기 위해서는 특정분야에서 수년에서 수십 년이 될 수도 있는 장기간에 걸쳐 수많은 시행착오를 포함하는 풍부한 경험적 과정을 거쳐야 한다는 것이다. 또한 그렇게 구비한 휴리스틱 능력도 온전히 믿을 수는 없다는 것이다. 휴리스틱 이면의 부정적 측면이 표출되면서 적지 않은 전문가·경영자들이 회복할 수 없는 실패의 나락으로 떨어지고 있다는 것이다.

경영자와 전문가의 핵심역량인 휴리스틱으로 인해 오히려 수많은 사람들이 결정적 실패를 경험하면서 쇠락의 길을 가는 모순적 현실을 어떻게 이해해야 하는가? 이러한 실패자의 대열에 합류하지 않고 탁월한 경쟁력을 발휘할 수 있는 경영자의 길을 모색하기 위해 휴리스틱의 실체를 규명해 보자.

우선 휴리스틱의 구성요소를 파악해 보자. 휴리스틱은
- 학문적 노력을 통해 확보한 **지식**(knowledge),
- 오랜 기간에 걸쳐 축적한 **경험**(experience),
- 특정분야 업무의 지속적 수행을 통해 체득한 **직감**(gut feel)
- 그리고 애매한 상황에서 밀어붙일 수 있는 **배짱**(guts)으로

구성되어 있다.

이제 각 구성요소를 분석적으로 조명해 보자. 우선 오랜 시간 노력해서 확보한 **지식**(knowledge)을 생각해 보자. 필자를 포함하여 자신의 분야에서 필요한 지식 모두를 확보하고 있다고 자신 있게 말할 수 있는 사람이 있을까? 변화가 막심한 작금의 상황에서는 아무리 탁월한 능력자라도 필요한 지식에 비해 확보하고 있는 전문성은 극히 부족할 수밖에 없을 것이다. 암담한 상황은 이미 확보한 지식마저도 빠른 속도로 녹슬어 가고 있다는 것이다. 이미 녹슬어버려서 더 이상 쓸모없게 되었다는 것이다.

어느 경영자에게 필자의 저서를 서명하여 준 적이 있었다. 그 경영자는 책을 들춰보며 자신이 모르는 최신 지식이 가득하다면서 꼭 읽어보겠다고 말했다. 최신지식을 담고 있다는 그 말에 필자는 양심의 가책을 느껴서 다음과 같이 토로하였다.

"책의 내용은 결코 최신 지식이 아닙니다. 책을 쓰기 위해 4~5년 전부터 공부했고 약 1년의 저술기간이 필요했습니다. 따라서 그

내용은 5~6년 전의 지식에 불과합니다. 문제는 5~6년 전 당시에 성공을 보장했던 노하우가 이제는 실패를 부르는 악수(惡手)가 될 정도로 상황이 변했다는 것입니다. 책의 내용에 의존하지 마시고 참고만 하십시오."

책 속의 지식에만 의존하는 것은 지극히 위험한 일이다. 실전적 경영현실에서 책의 내용대로 해서 해결되는 문제는 거의 없기 때문이다. 그 지식은 상황 이해에 도움을 줄 수는 있어도 문제 해결의 직접적 비결이 될 수는 없다. 죽느냐 사느냐의 결과가 즉시 부각되는 급박한 현실에서 경영자는 학문적 논리나 토론의 유희를 즐길 수 있는 여유를 갖지 못한다. 지식을 상황과 접목시켜서 현실적 해결대안을 강구하는 능력은 또 다른 공부영역이고 별도의 실천역량이다.

필자는 변화상황에서 직면하는 문제의 내용과 성격이 과거의 것과 전혀 다르고, 유사하다 할지라도 문제가 유발된 상황이 다르고 외부환경도 달라졌다는 사실을 간과하고 책 속의 한물 간 낡은 지식에 집착하면서 수없이 많은 실패와 좌절을 경험했다. 나중에서야 비로소 깨달음을 얻어서 알고 있는 지식을 모두 버리고 눈앞의 상황을 있는 그대로 보기 위해 노력하면서 해결대안을 모색하였다. 그러다 보니 큰 문제가 해결되면서 직·간접적 하위 문제도 자연스럽게 해결되기 시작했다. 더욱 놀라운 사실은 일단 버려버린 지식을 다시는 찾을 일이 없었다는 것이다. 비로소 필자는 그 동안 쓸모없는 잡다한 지식을 머릿속에 가득 넣은 채 혼란스럽게 살아왔다는 사실을 절감했다. 복잡·다양한 변화상황에서는 지식의 나열을 동반하는 수준 높은 토론이 중요한 것이 아니라 문제의 본질을 명확하게 규명하고 해결대안과 연계시킬 수 있는 실전적 사고체계가 진정한 경쟁력의 요체라는 사실을 간과했던 것이다.

경영자는 머릿속의 한물 간 지식에 또 다른 낡은 요소를 얹어서 축적하는 공부를 해서는 안 된다. 오히려 낡은 지식과 고정관념을 털어내는 노력을 게을리 하지 말아야 한다. 변화상황에서 경영자는

- 문제의 본질을 규명하여 해결이 가능한 형태로 재구성하고
- 문제를 해결하기 위해 필요하지만 보유하지 못한 지식이나 그 분야의 전문가를 확보하고
- 문제해결의 구조적 틀을 설정·운용하여 빠른 시간에 문제를 해결하고
- 해결과정에서 활용한 지식은 미련 없이 모두 버려야 한다.

동일한 상황은 두 번 다시 오지 않기 때문이다. 흐르는 물에서 같은 물에 다시 들어갈 수 있는가? 경영자는 상황에 따라 필요한 지식을 시의 적절하게 확보하여 효과적으로 활용하고, 유효기간이 경과한 낡은 지식은 과감하게 버려야 한다. 상황에 부합하는 문제해결의 틀을 설정·완성하기 위해 필요한 지식을 잘 모아서 활용한 다음에 과감하게 버리는 능력만을 갖추면 된다. 책 속의 한물 간

지식에 집착하면서 급박한 현실을 외면한 채, 이론적·학문적 접근을 고집하며 중요한 시간적 자원을 소모해서는 안 된다.

휴리스틱(heuristics)의 또 한 가지 구성요소인 **경험(experience)**을 생각해 보자. 세상 모든 경험을 다 하면서 사는 사람이 있는가? 수많은 일을 다양한 방법으로 잘하고 있는 사람들의 일을 모두 경험을 통해 파악할 수는 없다. 우리는 지극히 제한적 영역에서 장구한 시간과정의 한순간을 살다 갈 수밖에 없다. 경영자 역시 스스로의 성장과정과 교육배경 그리고 특정분야 업무경험을 근거로 자신과 자신의 상황에 국한된 특수 해를 추구할 수 있을 뿐, 모든 상황에서 효력을 발휘할 수 있는 보편적 일반해를 얻을 수는 없다.

적지 않은 경영자들이 풍부한 경험을 내세우면서 "이 문제만큼은 내가 어느 누구보다도 많이 겪어보지 않았는가? 내 말대로만 하면 틀림없어"라고 말한다. 그렇게 하면 정말 문제가 깔끔하게 해결되는가? 그렇지 않은 경우를 필자는 너무도 많이 보아 왔다. 일을 그르치고 나서 "지시가 잘못되지 않았습니까?"라고 반문하면 어떤 대답을 듣게 되는가? "내가 언제 그런 지시를 했어?"라고 말하며 역정을 내고 당신에게 모든 책임을 전가하지 않던가? 황당하고 억울한 마음에 수첩에 빼곡하게 적어 놓은 지시내용을 들이대며 "지난번 분명히 이렇게 지시하지 않았습니까?"라고 항변하면 또 무슨 말을 듣는가? "내가 정말 그렇게 지시했던가? 그래도 그렇지 이 사람아, 내가 그렇게 말했다고 무조건 그대로 하는 사람이 어디

있어? 자네는 아무 생각도 없는 거야?"라는 핀잔을 듣지는 않는가? 지시사항을 충실하게 이행한 당신이 오히려 잘못된 결과를 회피하고 책임을 떠넘기려는 졸렬한 사람으로 치부되지는 않는가?

변화의 속도가 느리거나 상황이 안정적이어서 변화가 더디게 진행된다면 오랜 기간에 걸쳐 많은 경험을 확보한 사람이 당연히 훨씬 더 높은 경쟁력을 발휘할 수 있다. 그러나 급변하는 상황에서는 풍부한 경험이 결코 자랑거리가 될 수 없다. 과거에 난해한 문제를 창의적으로 해결한 경험이 오히려 현재 문제의 성공적 해결을 저해하기 때문이다. 경영자는 풍부한 경험을 근거로 도출된 대안일수록 더욱 더 철저하게 검증해야 한다.

경험을 통한 학습의 효용성이 급속히 저하되는 상황에서 범해지는 오류는 생각보다 심각하다. 익숙한 분위기에서 유사 문제를 반복적으로 처리하다 보면 어느새 새로운 문제도 기존 사고체계의 범주에 포함시켜 해결하려는 습성에 사로잡힌다. 문제와 너무 가까이 있어서 문제를 문제로 인식하지 못하게 되는 것이다. 사탕을 입에 물고 있으면 얼마 동안이나 단맛을 느끼는가? 더 이상 단맛을 느끼지 못하게 된 상황에서 다른 사탕이 주어졌을 때 단맛을 새롭게 느낄 수 있는가?

익숙한 환경에서 친숙한 사람들과 기존 방식으로 일을 처리하면서 잘하고 있다고 서로 인정하고 함께 칭찬하며 지내다가는 한 순간에 몰락의 길을 걷게 된다. 경험은 특정인의 제한적 상황에 국한된 특수 해에 불과하다. 경영자는 경험적 지식이 달라진 현실에서도 효과를 얻을 수 있는 보편적 일반해가 아니라는 사실에 유념해야 한다.

필자는 경영자·전문가가 자랑스러워 하는 문제해결능력인 휴리스틱(heuristics)의 4대 구성요소 일부에 해당하는 지식·경험의 취약성을 피력하였다. 네 개의 기둥에서 두 개가 송두리째 뽑혀나간 느낌이 들지 않는가? 그래도 문제해결 과정에서 적지 않은 역할을 하는 직감(gut feel)과 배짱(boldness)이 남아 있다.

직감(直感, gut feel)은 명확하게 이유를 규명할 수는 없지만 특정대안이 긍정적 효력을 발휘하거나 부정적 결과를 초래할 수 있다는 직관적 판단이다. 소위 "감이 좋으니까 한 번 해보자", "느낌이 안 좋으니 시행을 보류하자"는 방식의 결정이 직감에 의존하는 것이다. 직감은 특정분야에서 오랫동안 일하면서 자연스럽게 체득한 감각으로 논리적 설명과 합리적 접근이 어렵다는 특징을 갖는다.

논리성·합리성이 결여되어 검증이 불가능한 직감을 믿고 중요한 의사결정을 거침없이 할 수 있는가? 운이 좋아서 직감이 맞아 떨어지면 위기상황을 결정적으로 반전시킬 수 있다. 그러나 결과가 좋으면 왜 좋은지를 논리적으로 설명하지 못한 채, 또 다른 사안의 결정에 대해서도 바람직한 결과를 기대하며 직감에 의존하는 경영자는 치열한 경영현장에서 결국 살아남지 못할 것이다. 필자는 가끔 직감을 과신하며 무모한 접근을 하다가 씻을 수 없는 과오를 범하고 초라한 모습으로 사라져 가는 경영자를 보게 된다. 직감은 지극히 불완전한 것이어서 믿고 의지하기에는 부적합하다. 그래도 최후의 보루인 배짱이 남아 있다.

배짱(boldness)은 "되 든 안 되든 한 번 밀어붙여 보자. 안 되면 내가 책임지면 되지 않는가?"라는 생각에 따르는 단호한 결단력이다. 배짱으로 호기를 부리는 사람이 결과적으로 잘못된 상황에서 당당하게 책임지는 모습을 본 적이 있는가? 필자는 악화된 상황에서 책임소재 규명을 위해 감사·조사가 진행되는 과정에서 잘못되면 책임지겠다고 큰 소리 치던 사람들이 "본인은 현 상황과 전혀 관련이 없다."라고 주장하는 모습을 너무도 자주 보았다. 배짱이 사나이다운 속성으로 다소 멋져 보이기는 하지만 배짱을 부리다가 결국 망하는 길을 가는 경영자를 지금도 경영현장에서 가끔씩 보면서 애석함을 느낀다.

편견(bias)

경영자·전문가의 탁월함을 돋보이게 하는 휴리스틱(heuristics)의 구성요소인 지식·경험·직감·배짱이 앞에서 언급한 것처럼 지극히 불완전하기 때문에 휴리스틱에 의존하는 사고체계도 심각한 결점을 노출시킬 수밖에 없다. 그 결점은 바로 경영자의 상황인식을 왜곡시키는 '편견(bias)'에서 비롯된다.

편견(bias)은 휴리스틱 과정에서 편향적 사고를 유발하는 독소로 작용한다. 편견(bias)을 제거하거나 최소 수준으로 감소시키지 못하는 경영자는 결국 잘못 인식한 상황의 제물이 될 수밖에 없다. 이러한 편견의 실체를 규명하고 그 폐단을 제거할 수 있는 방안을 모색해 보자.

편견·편파성의 뜻을 갖는 'bias'의 사전적 의미는 "어느 한쪽으로 치우치다"는 것이다. 경험과 식견이 풍부한 경영자일수록 특정상황의 문제에 관한 보고를 받으면서 해결대안을 마음속으로 미리 확정 짓는 경향을 보인다. 자신의 생각과 일치하는 방향으로 제안을 하며 근거를 제시하는 보고자에게 경영자는 "자네 생각도 그런가? 내 생각도 마찬가지야, 알고 보니 자네는 참 생각이 깊은 사람이군"이라고 말하며 밝은 미소를 짓기도 한다. 이어서 '자네 학교는 어디 나왔지?'라고 묻고, 자신과 출신학교가 다르면 "고향은 어디인가?"라고 질의하고, 고향도 같지 않으면 "그 지역 출신인 ○○○를 내가 잘 아는데 자네도 그 사람을 아는가?"라는 확인 질문을 던지기도 한다. "저도 그 분을 잘 압니다."라고 답하면 "그래? 그럼 언제 같이 만나서 식사라도 할까?"라고 기분 좋게 반응하는 경향을 보이기도 한다.

매번 이렇게 유쾌한 보고가 이루어지면 얼마나 좋겠는가? 문제는 보고내용이 경영자가 머릿속에 미리 설정해 놓은 대안과 어긋나는 경우에 발생한다. 보고를 받고 나서 경영자는 "자네 생각도 일리가 없는 것은 아니지만 말이야, 내 생각은 이러한데… 어떻게 생각하나?"라고 말하기도 한다. 보고자가 근거자료를 제시하며 끝까지 자신의 생각을 고수하면 경영자는 어떠한 반응을 보이는가?

적지 않은 경영자들이 보고자의 타당한 논리에는 수긍하면서도 경험과 관록의 소유자로서 권위 있게 제시한 자신의 주장을 굽히지 않으려고 한다. 보고자가 자신 있게 주장할수록 보고를 받는 경영자의 기분은 더 상하고 그 마음도 끓어오르기 시작한다.

마음이 불쾌해진 경영자의 눈에 상대방이 주머니에 손을 넣고 말하는 모습이 들어왔다면 어떠한 상황이 전개되는가? 경영자는 즉시 이를 지적하며 "자네, 말하는 태도가 그게 뭐야? 그렇게 밖에 못 배웠어? 요즘 젊은 친구들은 다 그런 식이야?"라고 말하고 보고사안과 관련이 없는 과거의 다른 문제를 거론하면서 질타를 하지는 않는가? 결론은 "잔소리 말고 내가 하라는 대로 해, 경험 많은 사람이 말하면 깊이 새겨듣고 잘 이행할 것이지, 무슨 말이 그렇게 많은가?"라는 말로 맺어지는 경우가 대부분이 아닐까?

다소 극단적 상황을 묘사한 것이지만 이러한 태도가 바로 편견(bias)에 사로잡힌 경영자의 전형적 모습이다. 문제는 이렇게 결론을 강요해서는 결코 문제를 해결할 수 없다는 것이다.

인지심리학에서 다루는 편견의 유형은 무려 40여 가지나 된다.

그 많은 편견의 본질을 한마디로 말하면 편견은 물이 담겨있는 유리잔에 비스듬히 꽂혀 있는 젓가락이 빛의 굴절로 인해 꺾여 보이는 현상과 다르지 않다는 것이다. 반듯한 젓가락이 휘어져 보이듯이 경영자의 사고도 자신의 성장과정·교육배경·전문지식·업무내용 쪽으로 치우치게 된다는 것이다.

누구를 막론하고 자기 앞의 상황을 완벽하게 객관적으로 인식할 수는 없기 때문에 편견으로부터 자유로운 사람은 없다. 편견에 사로잡혀 있는지의 여부도 가치판단을 요하기 때문에 심각한 상태에 이르기 전까지는 그 편향성을 확인하기 어렵다. "자네들도 알겠지만 나야말로 편견에 사로잡히지 않고 공평무사하게 일을 처리하는 사람 아닌가?"라고 말하는 사람은 편견의 중증현상을 겪고 있다고 말할 수 있다. 미친 사람은 결코 자신이 미쳤다고 생각하지 않기 때문이다.

또 다른 상황을 상상해 보자. 경영자는 회의에서 문제를 보고 받고 자신이 문제해결에 필요한 전문성을 충분히 갖추었다고 판단하여 명확한 지침을 제시한다. 그러나 경험은 다소 부족하지만 논리적 접근에 익숙한 실무자가 이의를 제기한다. 실무자가 제시한 대안은 논리적으로 타당하고 문제인식의 범주도 훨씬 더 광범위하며 접근방법도 보다 체계적이다. 경영자는 입가에 미소를 띠고 마음속으로 "요즘 젊은 친구들, 참으로 대단해! 어떻게 저러한 내용을 다 파악하고 있을까? 저 친구, 아주 괜찮은 것 같아, 앞으로 우리 조직을 이끌어 나갈 수 있는 재목이 되겠어!"라고 생각하며 대견스러워 한다.

그러나 시간이 조금 지나자 경영자의 마음속에서 다소 서운한 마음이 서서히 피어오르기 시작한다. "왜 그렇게 많은 사람들이 보는 앞에서 큰소리로 반론을 제기하는가?, 조용히 찾아와서 얘기해 주면 나는 충분히 받아들일 수 있는 사람인데…, 저 친구, 똑똑하기는 하지만 좀 경솔한 면이 있군!"이라는 생각이 들기 시작한다. 생각은 여기서 멈추지 않는다. 이 사람으로부터 서운함을 느꼈던 과거의 일이 하나 둘씩 머릿속에서 떠오르기 시작하면서 "지난번 회식 때도 내가 한마디 하니까 계속 반론을 제기하지 않았던가?, 이 사람이 그때부터 내게 좋지 않은 감정을 가졌던 것이 확실하군!"이라고 단정한다. 아울러 "네가 그런 태도를 보인다면 나도 가만있지는 않겠다. 너도 언젠가는 내게 당할 것이다. 다음 인사에서 저 친구를 다른 부서로 보내버려야겠어~"라고 마음을 정한다. 이러한 경영자와 조금이라도 유사한 경향을 보이는 사람 역시 편견(bias)의 중증을 겪고 있는 것이다. 스스로를 경계해야 한다. 그렇지 않으면 앞길에 먹구름이 낄 것이 확실하기 때문이다.

경영자도 사람이기 때문에 눈앞의 상황을 편견 없이 받아들이는 것은 결코 쉽지 않다. 그럼에도 눈앞의 현실을 있는 그대로 인식하는 노력이 경영의 출발점이라는 것에 유념해야 한다.

필자는 오래 전에 입적하신 성철스님이 전한 "산은 산이요 물은 물이다."라는 말에 감탄하는 사람들을 보며 그 정도 얘기는 나도 할 수 있다고 생각하며 "당연히 산은 산이고 물은 물이지, 산이 물이고 물이 산이란 말인가?"라고 스스로 반문한 적이 있었다. 그러나 경영전략을 공부하면서 성철스님이야말로 탁월한 경영적 식견을 가진 분이라고 생각하게 되었다. 성철스님의 말씀은 "산은 산으로만 보고 물은 물로만 봐야지, 왜 주관적 편견에 사로잡혀 산을 물이라고 하고 물을 산이라고 하는가?"라는 지적이 아니겠는가? 편견에 사로잡히지 않고 상황을 있는 그대로 보아야 한다는 것을 화두로 제시했다는 생각에 필자는 탁월한 경영인이 종교계에서만 활약했다는 아쉬움을 느꼈다.

　필자는 강의 중에 가끔 상기 내용을 언급하고 나서 청중에게 "지금까지 제가 말씀드린 내용이 모두 맞습니까?"라는 질문을 던지고는 했다. 그러면 거의 모든 분들이 "일리가 있다, 타당하다, 옳다"라는 말로 공감을 표명해 주었다. 분위기에 힘입어 흐뭇한 마음으로 "그럼 제가 틀린 얘기를 하겠습니까?"라고 맞장구치며 강의를 진행하면 되겠지만 문제는 그렇게 대충 넘어갈 수 있을 정도로 간단하지 않다는 것이다.

　필자 역시 오랜 기간에 걸쳐 이러한 주제에 관한 연구를 지속하면서 문제와 너무 가까워져 있으니 진정한 문제를 문제로 인식하지 못할 가능성이 없지 않다. 편견에 사로잡혀 있을 가능성이 매우 높다는 것이다. 그러나 많은 시간을 들여 힘들게 공부한 결과인 만큼 자신의 생각이 옳다고 믿고 싶은 마음이 간절하다. 그래서 옳다고 말하지만 옳다는 생각은 필자의 주관적 판단이지 결코 객관적 사실은 아니지 않는가?

독자 여러분은 필자가 언급한 사항 중에서 어느 부분이 맞고 어떤 내용이 틀린지를 정확히 지적할 수 있는가? 어렵지 않을까 생각한다. 필자와 같이 절실한 심정으로 집중적 고민을 하지는 않았을 것이기 때문이다. 이러한 사유로 인해 경영자는 매일 매일 해결해야 할 다양한 문제에 대하여 나도 모르고 너도 모르는 난감한 상황에 직면할 수밖에 없다.

편견에 사로잡히지 않을 수 있는 방법이 있을까? 편견으로부터 완벽하게 자유로울 수 있는 길은 오직 하나다. 죽는 것이다. 삶이 정지되어 인식이라는 정신적 작용이 멈추면 편견이 침투할 수 없다. 살아 숨 쉬며 상황을 인식하고 문제를 해결하기 위해 고민하는 매 순간 편견은 우리의 동반자가 되기 때문에 완벽한 객관성의 유지는 불가능하다. 오직 편견을 최소화하기 위해 노력할 수 있을 뿐이다.

편견이 난무하는 현실에서 경영자로서 취해야 할 바람직한 태도는 무엇인가? 지식에 대한 두려움을 갖는 것이다. 내가 알고 있는 것이 틀릴 수 있고, 말도 안 되는 것 같은 상대방 이야기가 오히려 옳을 수 있다는 마음으로 상대방의 말에 귀를 기울여야 한다.

 알고 있는 내용을 전달할 때도 조심스럽고 겸손한 자세를 견지해야 한다. 특정사안에 대하여 확실히 알고 있는지, 알고 있다고 생각하는지, 아니면 모르는지를 잘 생각해 보아야 한다. 다소 황당한 말이라도 결코 무시하거나 간과하지 말고 민감한 마음으로 귀를 기울여야 한다.

【 고전에서 말하는 경영 2 】

편견(bias)의 최소화 방안 : 적게 말하고 신중하게 행동한다.

多聞闕疑 愼言其餘 則寡尤   多見闕殆 愼行其餘 則寡悔
(論語 爲政篇)

많이 듣고 의심스러운 것은 덜어내고 나머지를 말하면 허물이 적을 것이고, 많이 보고 위태로운 것은 버리고 나머지를 행하면 뉘우침이 적을 것이다.

많은 가르침을 듣고 나서 의심스러운 것은 빼고 확실한 것만 신중히 생각하여 말하면 비난(非難)을 받지 않을 것이다. 확실하지 않아서 자신이 없는 것은 제외하고 안전한 것만을 조심스럽게 실천하면 후회가 없을 것이다.

이러한 태도를 체화시키는 경영자는 문제해결과정에서 개입되는 편견(bias)의 부정적 작용을 최소화시킬 수 있을 것이다.

시스템적 사고(systems thinking)

시스템(system)은 문제에 영향을 미치는 핵심인자 위주로 실제 상황을 재구성한 것이다. 통계적 관점에서 실제상황이 모집단이라면 시스템은 그 상황의 대표적 특성을 반영하는 표본으로 볼 수 있다.

경영적 의미에서 시스템은 문제와 관련된 특정상황을 말하고, 그 상황을 에워싸는 외부영역을 시스템 환경(system environment)으로 표현한다. 시스템(내부상황)과 외부영역(시스템환경)의 구분은 시스템 경계(system boundary)로 이루어진다. 앞에서 제시된 (그림 2.2)를 시스템의 관점에서 표현하면 (그림 2.3)과 같다.

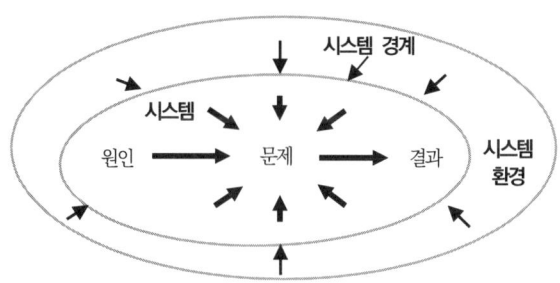

(그림 2.3) **시스템과 시스템 환경**

실제상황에서 경영자는 인식능력의 한계와 인적·물적 자원의 부족 그리고 시간적 제약으로 인해 문제와 관련된 모든 요소를 전부 고려할 수는 없기 때문에 의사결정에 중점적 영향을 미치는 핵심인자를 파악하고 그 상관관계를 규명해야 한다. 그리고 상황의 복잡성을 고려하여 시스템 환경의 어느 범위까지 시스템에 포함시킬 것인지를 판단하여 시스템 경계를 설정해야 한다. 아울러 시스템 환경(외부환경)에 대응하기 위해 시스템(내부상황)의 변화를 주도해야 한다.

시스템적 사고는 부분보다 전체를 먼저 보고 아울러 부분과 전체의 조화·균형을 추구하는 접근방식이다. 과학적 접근법(scientific approach)은 세분화된 요소를 분석하여 새롭게 파악한 원리를 기존 지식체계에 단계적으로 추가하는 방식이다. 과학적 분석이 무생물을 대상으로 하는 물리학·화학 분야에서 위력을 발휘하였다면 시스템적 접근은 살아 있는 유기체를 다루는 생물학 영역에서 활용되어 왔다. 살아있는 유기체의 구성요소를 해부학적으로 세분하여 분석한 이후 재결합하면 생명력이 상실되어 본래의 의미를 상실한다. 유기체는 전체가 부분의 합 이상이 되도록 하는 그 어떤 것을 포함하기 때문에 전체적인 이해와 부분적인 분석이 동시에 이루어져야 한다.

경영에서 다루는 조직·집단의 상황은 유기체적 특성을 갖기 때문에 시스템적으로 접근해야 한다. 경영상황에 대한 시스템적 접근법이 추구하는 의미는 무엇인가?

첫째, 문제해결의 시도에 앞서 시스템(상황)을 파악하고 시스템

환경의 변화를 고려해야 한다는 것이다. 문제 자체에만 몰입하는 경영자는 십중팔구 상황을 잘못 판단하여 문제가 아닌 것을 문제로 알고 시간·노력을 헛되이 쏟게 된다. 문제를 정확하게 이해해도 시스템 환경의 변화를 고려하지 않으면 새롭게 전개되는 상황에 전략적으로 대처할 수 없다. 경영자는 눈앞의 사안에만 집착하는 근시안적 사고에서 벗어나 문제의 원인과 결과, 문제가 유발된 상황 그리고 더 나아가서는 상황에 직·간접적 영향을 미치는 외부환경의 변화도 종합적으로 고려해야 한다. 문제 자체는 물론, 문제와 관련된 영역 전체를 한꺼번에 조망할 수 있는 지적 시야를 확보해야 한다.

둘째, 경영자에게 우선적으로 필요한 능력은 해결방법(know-how)이 아니다. 문제의 근원(know-why)을 파헤쳐 그 인과관계를 규명하고 문제를 해결이 가능한 형태로 재구성하는 역량이다. 문제의 분석이 끝나면 남는 과정은 해당분야 전문가(전문지식)를 동원하여 해결하는 작업이다.

문제의 근원을 파헤치지 않고 해결방법에만 관심을 갖는 접근방식은 뿌리·줄기를 보지 않고 가지·잎사귀에만 관심을 갖는 행태와 다르지 않다. 잎이 마르고 가지가 부실한 이유는 줄기가 온전하지 못하고 뿌리가 썩었기 때문이라는 사실을 간과하는 것과 다르지 않다.

신기술 도입·개발에 대한 근원적 접근의 예를 들어보자. 신기술 자체의 효용성을 강조하기에 앞서 소요기술의 배경과 의미 그리고 향후 전망을 탐색해야 한다. 이를 위해 다음과 같은 질문에 답할 수 있어야 한다.

- 왜 이 기술이 필요한가?
- 더 효과적인 다른 기술은 없는가?
- 경쟁기업의 주력기술 활용상황과 향후 기술 환경을 고려해 볼 때 도입이 바람직한가 아니면 개발이 유리한가?
- 도입·개발되는 기술이 경쟁력을 유지할 수 있는 기간, 즉 기술수명주기(technology life cycle)를 얼마로 볼 수 있는가?
- 수명주기가 종료되어 더 이상 경쟁력을 유지할 수 없게 될 경우 기술을 보완하여 수명주기를 연장시킬 것인가 아니면 다른 기술로 대체할 것인가?

상기 질문에 대응하면서 소요기술의 의미와 전망을 탐구하다 보면 다소 이론적 분위기를 띨 수도 있다. 그러나 눈앞의 실전적 문제를 근원적으로 해결하기 위해 필요한 것이 이론이다. 경영현실에서 이론과 실무는 결코 분리될 수 없는 불가분의 일체적 지식이다.

경영전략마인드(strategic mind of management)
문제를 해결하기 위해 필요한 것이 지식이다. 복잡한 문제는 단편적 지식만으로 해결될 수 없기 때문에 해결과정을 단계별로 구분하고 요구되는 지식의 연관성을 규명하여 방법론을 설정한다. 방법론은 시스템(상황)과 시스템 환경의 이해와 숙지를 위해 필수적인 경영전략 마인드를 기반으로 구축된다. (그림 2.4)는 이러한 관계를 표현한 것이다.

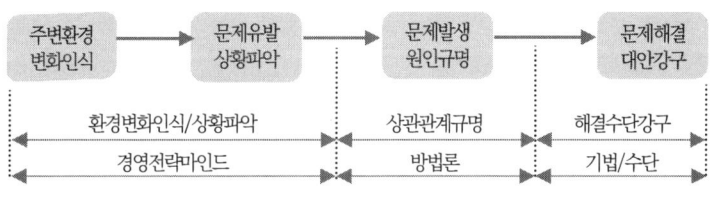

(그림 2.4) **문제해결과정**

상황의 본질을 파악하지 못하고 환경변화를 인식하지 못하면 문제의 인과관계를 명확히 규명할 수 없다. 효과적인 방법론도 정립할 수 없고 방법론의 구체화를 위해 도입되는 지식과 기법도 효율적으로 활용할 수 없다. 지식·기법은 철따라 갈아입는 옷과 같아서 일정기간 사용하고 유효기간이 경과하면 폐기처분해야 하는 수단에 불과하다.

경영전략마인드는 상황의 본질을 꿰뚫어 보는 통찰력(insight)에서 비롯되는 예리한 판단력으로 상황을 파악하고 환경변화를 감지하는 감수성(sensitivity)과 대안의 미래(alternative future)를 구상할 수 있는 상상력(imagination)을 기반으로 형성된다. 논리적 사고는 민감한 감수성과 풍부한 상상을 통해 구성된 시나리오(scenario)의 정당성을 이해 당사자에게 입증하기 위해 필요하다. 입증에 의한 설득이 이루어지면 경영자는 단호한 결단력과 강력한 실행력을 발휘하여 성과를 도출해야 한다.

경영자는 문제를 해결하려고 노력하기 이전에 경영마인드를 활용하여 문제의 배경과 의미를 탐색해야 한다. 새로운 디자인으로 유행을 창조하는 주체인 패션디자이너(fashion designer)의 세계를 예로 들어 경영전략마인드에 입각한 탐색과정을 살펴보자.

필자의 소견은 패션디자이너가 유행을 창조하는 사람이 아니고 유행의 소요를 찾아내어 추종하는 사람이라는 것이다. 새로운 스타일은 처음부터 패션디자이너의 머릿속에서 고안되는 것이 아니다. 소비자의 기호를 인식하고 해석하는 과정에서 나오는 것이다.

패션디자이너는 새로운 의상을 디자인하기에 앞서 거리에 나가 사람들의 옷매무새와 행동을 관찰한다. 사람들과 대화하며 그들의 가슴 속에 분명히 존재하지만 표현하지 못해 아쉬워하는 '그 무엇'을 찾아내어 이미지로 형상화시킨다. 형상화된 이미지에 향후의 변화 추세에 부합하기 위해 필요한 요소를 더하여 패션디자이너의 개성과 품격을 담은 의상으로 발전시켜 나간다.

패션디자이너가 소비자의 마음을 읽고 기호를 파악하는 과정에서 필요한 통찰력은 감수성에서 비롯된다. 현재상황을 파악하고 향후 추세를 예견하여 새로운 스타일의 공간적 적합성과 시간적 적응성을 확보하는 역량은 상상력의 영역에서 표출된다.

또 다른 예로서 주택설계 의뢰자(client)와 건축가(architect)의 대화과정을 살펴보자. 대화를 시작하면서 의뢰자에게 '어떻게 설계해 드릴까요?'라고 묻는 건축가는 초보수준의 설계자에 불과하다. 건축적 전문성을 갖추지 못한 의뢰자가 이러한 직설적 질문을 받고 자신에게 필요한 생활공간의 요구조건을 구체적으로 제시할 수 있겠는가? 건축가의 무능함만 돋보이는 상황이 전개될 것이다.

바람직한 접근방식은 가족구성원의 수와 자녀의 나이·취미 그리고 각자의 생활방식을 포함하는 다양한 질문에 의뢰자가 부담 없이 답변하면서 자신의 요구조건을 자연스럽게 말하도록 하는 것이다. 건축가는 답변내용에 감수성과 통찰력 그리고 상상력을 가미하여 의뢰자에게 바람직한 주택의 기능과 형태를 제시해야 한다. 대화가 끝난 후에 건축가가 "고객께서 원하시는 집은 바로 이것입니다."라고 말하며 제시하는 설계의 방향과 내용에서 의뢰자가 자신의 가슴속에 늘 존재하고 있었지만 구체적으로 표현하지 못해 답답해하던 '그 무엇'을 확인했다면 그 순간에 '고객만족 또는 고객감동'이 실현된 것이다.

대화과정에서 요구되는 능력은 설계기술이 아니다. 의뢰자의 마음을 읽어내어 자신의 요구조건을 편안하게 말할 수 있도록 정확한 질문을 던지는 능력이다. 요구조건을 명확히 파악했다면 남은 일은 분야별 전문가를 동원하여 구체화시키는 작업이다.

필자는 경영자가 상황에 시스템적으로 접근하기 위해 필요로 하는 경영전략마인드를 언급했다. 이제 시스템(내부상황)에 존재하는 전문성(기술·전문지식·전문가)과 돈 그리고 돈과 전문성의 운용주체인 사람에 대해서 심층적으로 탐구해 보자.

【 고전에서 말하는 경영 3 】

언어의 한계와 소통의 어려움

서부진언 언부진의
書不盡言 言不盡意

주역 계사전 십이장
(周易 繫辭傳 十二章)

글은 말을 다할 수 없고 말은 뜻을 다할 수 없다.

문자는 하고 싶은 말을 다 표현하지 못한다. 말로도 내면의 의사를 다 전달할 수 없다. 그래서 소통이 어려운 것이다. 마음속의 뜻을 그대로 주고받을 수 있다면 사람들 사이의 오해는 없어지겠지만 언어의 한계로 인해 현실적으로 많은 문제를 겪는 것이 어쩔 수 없는 현실이다.

경영자는 감수성과 상상력을 발휘하여 고객이 필요성을 인식하지 못해서 말하지 못하는 사안도 파악해서 제시할 수 있어야 한다. 세심히 듣고 적절한 질문을 통해 끊임없이 고객의 마음을 탐색해야 한다.

전문성(기술·전문가)의 한계

건설상황을 시스템적으로 조명하여 문제를 해결이 가능한 형태로 재구성하고 나면 우선적으로 요구되는 것이 기술과 전문지식 그리고 다양한 전문가를 포함하는 전문성이다.

건설사업 추진과정에서 전문성의 중요성은 아무리 강조해도 지나침이 없다. 그러나 전문성에만 몰입하면 부분적 해법을 구할 수는 있어도 종합적 해결안은 얻지 못하는 결과를 초래할 수 있다. 특히 참여집단(조직)의 이해관계가 첨예하게 대립되는 상황에서 요구되는 대화·협상 능력의 부재로 인해 오히려 문제가 더 악화되기도 한다.

필자는 건축학도로서 오랫동안 기술을 중시하는 전문가의 길을 걸어왔다. 전문성 위주의 업무추진으로 긍정적 결실을 거두기도 했지만 전문지식의 한계에서 벗어나지 못하고 좌절한 사례도 적지 않았다. 아울러 다양한 실패사례를 경험하면서 전문성과 전략적 사고의 조화·균형을 추구하지 않는 전문가의 한계가 얼마나 심각한 지를 절감했다.

특정분야 전문성에만 집착한 결과, 복잡한 상황의 동태적 변화에 대처하지 못하는 전문가의 한계를 살펴보자.

첫째, 전문성의 범주를 넘어서 발생하는 문제를 임기응변적으로 처리하는 소극적 태도가 상황을 악화시킨다. 문제가 복잡할수록 그 인과관계를 규명하여 현재상황은 물론 향후 예상되는 파급효과도 고려하기 위해 다양한 관점을 수용해야 한다. 그러나 전문성에만 집착하다 보면 상황 전반을 이해하기 위해 요구되는 인내력을 발휘하지 못하고 전문지식만으로 문제를 해결하려는 경향을 보인다. 결국 문제의 이면에 잠재된 복잡한 사안들이 훨씬 더 심각한 또 다른 문제를 동반하고 전혀 예측하지 못한 시기에 표출된다. 그제서야 심각성을 깨닫고 성급히 대처하지만 너무 늦어 손을 쓸 수 없는 상황에 직면하게 된다.

둘째, 자기가 아는 것 이외에는 받아들이지 않고, 알고 있는 것을 남에게 알려주지 않으려는 배타적 습성이 난무한다. 체득한 지식을 다른 사람에게 제공하면 자신의 영향력이 줄어든다고 생각하고 반사이익이 기대되는 경우를 제외하고는 절대로 지식의 보따리를 풀지 않는다. 이러한 태도가 다른 사람의 조언이나 충고를 용납하지 않는 완고함과 결합되면서 보수적 행태를 초래한다. 보수적 태도는 국내 굴지의 회사에 근무하는 전문가 출신의 중역들 사이에서도 빈번히 나타난다. 관리직 출신은 알고 있는 내용을 다른 사람에게 말해주고 비판적 관점을 수용하여 부족한 부분을 보완해 나가는 자세가 보편화되어 있지만, 전문가들에게는 이러한 지식의 상호작용이 예외인 경우가 적지 않다.

셋째, 사회전반의 지속적 변화로 인해 보유지식의 대부분이 이미 쓸모없게 되었거나 빠른 속도로 무의미해지는 현실을 간과하는 경직성을 표출한다. 오랜 기간 노력하여 터득한 지식에 실무경험을 더해 축적한 노하우(know - how)는 귀중한 자산이다. 그러나 급변하는 상황에서 어제의 성공비결은 오늘의 실패대안이 된다는 사실을 간과해서는 안 된다.

끝으로 공개석상에서 자기 생각의 정당성을 입증하기 위해 필요한 자신감·논리성의 결핍으로 인해 주눅이 들어 있는 모습을 보인다. 첨예한 이해관계를 놓고 대립하는 사람들이 협상을 추진하는 상황에는 항상 긴장감이 팽배해 있다. 이러한 현실에서는 자신의 요구조건을 논리적으로 피력하여 공감을 확보해야 하지만 능력과 세력 면에서 막강해 보이는 다수 이해관계자에게 압도되어 입을 굳게 다물고 만다. 그리고 이미 결정이 이루어진 이후에 조직의 응달에서 불만을 토로하고는 한다. 떳떳하지 못한 모습이다.

전문가 입장에서는 할 말도 많고 억울한 면도 없지 않을 것이다. 현재상황이 지극히 불합리하다는 생각에서 자리를 박차고 뛰쳐나갈 수도 있을 것이다. 그러나 상황을 회피하는 전문가는 어느 순간 조직의 모퉁이에서 뒷말만 하는 자신의 초라한 모습에 소스라치게 놀라는 서글픈 현실에 직면한다. 아울러 사람이 집단(조직)을 형성하여 일하는 곳에는 정도의 차이만 있을 뿐, 또 다른 불합리가 늘 존재한다는 사실을 깨닫고 다시 한 번 좌절하게 된다.

전문가의 소극적 태도는 언어적 특성에서도 나타난다. 구체적 사안에 대하여 아는 것이 많다 보니 전문가의 머릿속에서는 늘 안 되는 사유부터 떠오른다. 그리고 답변유형은 대개 '예, 그러나(Yes, but)'이다. 이러한 말투를 보다 적극적 의미를 반영하는 '예, 그리고(Yes, and)'로 바꿔야 한다.

전문성과 돈의 균형추구 - 기술에서 돈으로

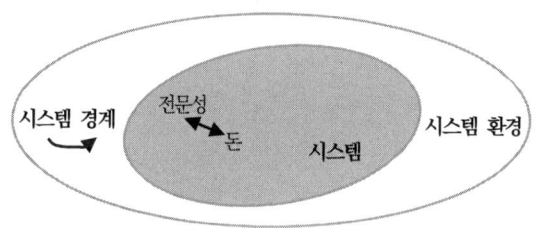

전문지식으로 충만한 전문가는 말이 많아지고 다른 사람의 일에 자주 간섭하는 태도를 보인다. 하는 말도 "설계를 바꾸어야 합니다, 공법을 변경해야 합니다, 그렇지 않으면 결국 큰 문제가 생깁니다." 등이다.

중요하다고 확신하는 기술요건이 반영되지 않아서 답답한 마음을 주체할 수 없겠지만 이러한 행동이 지속되면 '이 사람아, 자네 말대로 하면 좋은 줄 모르나? 돈이 없으니까 그렇지'라는 말을 듣는 상황에 직면한다. 돈이 부족하여 좋은 줄 알면서도 하지 못하는 현실을 무시하고 이상적 상황만 추구하며 잘난 체 하지 말라는 충고를 듣는 것이다.

전문지식에 몰입되었던 필자는 이와 유사한 여건에서 '돈'이라는 말의 의미가 무척 생소하게 들린 적이 있었다. 그러나 실상을 알고 나서는 돈이 부족하여 심각한 문제가 빈번하게 발생된다는 사실을 절감하였다.

어느 전문가가 전문지식의 한계를 극복하고 전문성과 돈의 균형을 추구하는 과정을 추적해 보자.

어느 발주기관의 설계팀에서 사무실 건물의 설계를 완료하고 공사비를 산정해 본 결과 130억 원이 소요되는 것으로 판단되었지만 가용재원은 100억 원으로 한정되어 있었다. 적정수준의 품질을 확보하기 위해서는 당연히 130억 원의 공사비가 필요하지만 공사비가 부족한 것은 어쩔 수 없는 현실이었다. 소요부서는 "이것 보시오, 우리가 100억 원의 범위에서 사무실을 지어 달라고 했지, 언제 130억 원이 투입되어야 하는 건물을 설계해 달라고 했소? 당초 책정된 100억 원으로 공사가 마무리될 수 있도록 다시 설계해 주시오"라고 목소리를 높였다.

전문가 입장은 당혹스러웠지만 어쩔 수 없는 현실이었다. 가용재원은 가장 중요한 제약조건 중의 하나이기 때문이다. 가용재원에 맞추기 위해 설계를 다시 할 수 있겠는가? 계약조건·설계비·공사기간 등의 복잡한 요인이 얽혀 있어서 전면 재설계는 현실적으로 불가능하다. 가용재원에 맞추기 위해서는 건물 각 부위를 보다 값싼 자재로 대체할 수밖에 없었다. 기와지붕을 평지붕으로 바꾸고

외벽의 화강석 마감을 타일로 교체하는가 하면 바닥 카펫을 값싼 인조석 갈기로 대체하였다. 그 결과 각 부위별 품질수준의 균형이 어긋나고 사용자 만족도 기대할 수 없게 되면서 노력을 쏟은 전문가에게 돌아온 것은 많은 돈을 들여 어설픈 건물을 지었다는 불신과 비난뿐이었다.

전문가는 기술적 요구와 돈의 괴리로 인해 발생하는 문제의 심각성을 절감했다. 그리고 건설사업 추진과정에서 직면하는 모든 사안을 돈과 연관 지어 생각하는 습성을 갖게 되었다.

현장에 진입하는 레미콘(Ready Mixed Concrete) 차량을 보면서 콘크리트 용량(m^3)에 단위체적당 비용(원/m^3)을 곱하여 금액을 산정해 볼 정도였다. 설계도면에 그어지는 마감선이 뜻하는 자재의 수량을 돈으로 환산하는 태도를 보이기도 했다. 결국 전문가는 주위 사람들로부터 "돈에 환장했다"는 말을 듣고는 했다.

전문가는 사업비용에 대한 합리적 계획과 체계적 조정의 필요성을 절감했다. 설계완료 시점에서야 돈이 부족하다는 사실을 확인하고 당황하기 보다는

1) 사업초기단계에서 획득 가능한 제한적 정보·자료를 효과적으로 활용하여 실소요 사업비에 근접한 비용을 예측(cost planning)하고,

2) 예측비용을 근거로 목표사업비(target cost)를 설정하고,
3) 목표사업비의 범위에서 사업을 완료할 수 있도록 설계·공사 과정에서 건물(시설) 부위별로 품질수준의 균형을 유지하면서 비용을 조정(cost control)하고,
4) 사업이 완료된 이후에는 투입비용을 분석(cost analysis)하고 정비하여 다른 사업을 계획하기 위해 활용(feedback)하는

체계적 방법론을 구축했다. (그림 2.5)는 이러한 방식으로 전개되는 비용의 계획·조정(cost planning and control) 과정을 표현한 것이다.

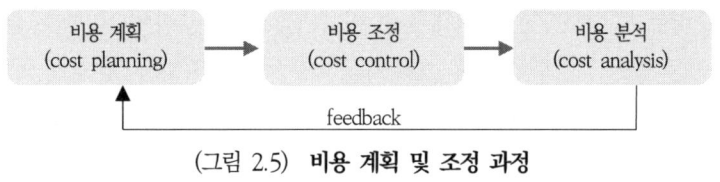

(그림 2.5) **비용 계획 및 조정 과정**

상기 방법론에 힘입어 사업비를 계획·조정하면서 전문가는 돈으로 인한 두통거리를 한층 경감시킬 수 있었다. 그리고 전문성과 비용감각(cost sense)의 균형을 갖추는 전문가만이 진정한 의미의 경쟁력을 발휘할 수 있다고 확신하였다.

전문성과 비용감각을 조합하여 시급한 문제를 해결한 사례를 살펴보자. 어느 건설공사 현장에 상급부서의 몇 분이 방문했다. 문제는 가장 고위직으로 보이는 분이 어렵게 시공을 마무리한

특정부분을 지적하면서 "저 부분을 요즈음 추세에 맞게 이렇게 바꾸면 어떨까?"라는 한마디를 던지면서 시작되었다. 가장 가까이서 그를 수행하던 사람이 "아주 좋은 생각이십니다."라고 맞장구를 치자 그 분은 자신감에 찬 표정으로 "그렇지, 자네도 그렇게 생각하지?"라고 말하면서, 그 옆의 다른 사람에게도 "자네 생각은 어떤가?"라고 질문하였다. 질문을 받은 사람도 "사실은 저도 그렇게 생각하고 있었습니다."라고 동조하였다. 자신의 생각이 타당하다는 확신을 갖게 된 그 분은 입가에 미소를 지으며 "그렇지, 자네들도 알다시피 내가 그렇게 비합리적인 사람은 아니잖아!"라고 언급하며 일행 중의 또 다른 사람에게 "자네 생각도 한번 말해보지 않겠나?"라고 말하였다. 그 사람이 확신에 찬 어조로 "예, 핵심을 제대로 짚으셨습니다."라고 말하자 그 분은 "전문가라는 사람들이 이렇게 스케일이 작아서 되겠어?"라고 큰 소리로 외치며 당장 변경하도록 지시했다.

변경지시를 이행하려면 이미 완료된 부분을 철거하고 재시공해야 한다. 문제는 당시 여건상 재시공에 따른 추가소요비용이나 사업기간연장을 인정받기 어렵다는 것이었다.

분명한 사실은 현장방문 일행이 전문적 기술업무에는 관여하지 않지만 사업에 결정적 영향을 미칠 수 있는 사람들이라는 것이었다. 그리고 자기들이 결정하면 나머지 일은 전문가들이 다 알아서 조치한다고 굳게 믿고 있다는 것이었다.

당시 현장 분위기는 어떠했는가? 공사가 마무리된 부분을 철거하고 재시공하기 위해 돈과 시간이 더 소요되는 것은 지극히 당연한 사실이지만 현장 기술자 모두는 분위기에 압도되어 입을 굳게 다물고 있었다.

이러한 순간을 대충 넘기면 향후 어떠한 상황이 도래할까? 상급부서로 돌아간 일행은 현장에서 수첩에 받아 적은 상급자 지시사항을 현장 통제부서에 메모형식으로 전달한다. 그 통제부서는 전문성을 갖추고 있어서 지시내용이 불합리하다고 이해하지만 현장에서 왜 적절한 해명이 이루어지지 않았느냐고 반문하면서 어쩔 수 없이 현장에 지시공문을 보낸다. 그 내용은 "조속히 변경 시공하고 결과를 보고할 것"이다. 지시공문을 수령한 현장기술자들은 그제 서야 조치의 불합리성을 성토해 보지만 이미 시기를 놓쳐서 이행하지 않으면 안 되는 상황에 처하게 된다. 이러한 경우 일하고 싶은 마음도 사라지고 사는 재미도 한풀 꺾이는 것을 경험하게 된다.

이러한 상황에 적극적으로 대처하여 긍정적 결과를 도출한 전문가의 역할을 살펴보자. 변경시공 지시가 이루어진 즉시 전문가는 "말씀하신 사안에 대하여 조금 설명을 드리겠습니다."라고 양해를 얻어 변경시공과 관련비용을 연관 지어 설명했다. 변경부분과 연관된 다른 부분의 추가수정도 불가피하다는 것을 언급하며 비용과 기간이 얼마나 더 필요한지를 논리정연하게 설명했다. 설명을 다 들은 그 분은 "아주 좋은 생각"이라고 맞장구 쳤던 사람에게 "추가비용을 지원할 수 있는가?"라고 물었다. 답변은 "글쎄요, 현재로서는 어려울 것 같은데…,검토는 해 보겠습니다"였다.

추가비용을 조치해 주겠다고 확답하는 것은 결코 쉬운 일이 아니다. 예상하지 못한 사안에도 충분히 대처할 수 있을 만큼 여유 있게 자금을 운용하는 경우는 흔치 않기 때문이다. 그래서 명확한 결론을 회피하고 말꼬리를 흐릴 수밖에 없는 것이다. 나중에 검토결과를 통보하겠다는 말을 남기고 현장을 떠나간 이 사람들로부터 어떠한 연락도 오지 않았다.

전문성과 돈을 연계시켜서 사안을 검토하는 노력의 중요성은 아무리 강조해도 지나침이 없다. 그럼에도 건설경영의 관점에서 훨씬 더 중요하게 고려되어야 할 또 하나의 인자는 바로 전문성과 돈의 운용주체인 사람이다. 누가 어떻게 하는가에 따라 사업추진의 과정과 결과에 엄청난 차이가 생기기 때문이다. 이제 돈에서 사람으로 패러다임(paradigm)을 전환시켜 보자.

사람, 기술과 돈의 운용주체 - 돈에서 사람으로

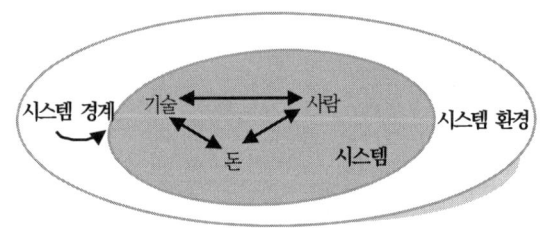

　기술과 돈을 중시하는 사고방식에 사람의 중요성이 더해지는 과정을 살펴보자. 전문성과 경제성의 조화를 추구하기 위해 전문가는 품질요건에 비해 지나치게 많은 돈이 소요되는 부분을 개선하여 적지 않은 성과를 거두었다. 피곤함도 잊고 밤을 새워 마련한 개선 방안을 실행하면서 적지 않은 기여를 하고 있는 자신의 역할에 뿌듯함을 느끼기도 했다.

　어느 날 전문가는 밤새워 작성한 개선안을 들고 설레는 마음으로 회의에 참석하여 자신 있는 태도로 발표했다. 윗사람은 밝은 표정으로 "자기 일도 많아서 엄청나게 바쁜 사람이 현장 구석구석의 문제점을 찾아내어 이렇게 훌륭한 개선방안을 제시하다니..., 이런 사람이 이렇게 일을 해 주니까 우리 현장이 잘 운영되는 것 아닌가?, 다른 사람들은 대체 뭘 하고 있는 거야? 이러한 자세는 우리 모두의 귀감이 되지 않는가?"라고 말하며 칭찬을 아끼지 않았다. 전문가 역시 아름다운 음악처럼 들리는 칭찬에 전문가가 흐뭇함을 감출 수 없었다. 바로 그 순간 칭찬을 아끼지 않던 윗사람은 "그런데 말이야…, 개선안이 좋은 것 같기는 한데, 아직까지 기존방식에서 큰 문제점이 발견되지는 않았잖아?, 그리고 개선방안이 확실히 검증된 것은 아니니까 한 번 더 검토해 본 후에 적용여부를 판단해 보도록 하지"라고 결론을 내는 것 아닌가?

윗사람의 돌변하는 태도에 무척 실망한 전문가는 기존방식의 결점을 비용·품질 면에서 어떻게 개선했는지를 구체적으로 설명했다. 그리고 "즉시 개선안을 적용하여 비용을 절감하고 공기를 단축하지 않으면 앞으로 발생하는 비용증가·공기지연 상황에 대처할 수 없게 됩니다."라고 강조하며 개선안을 끝까지 관철시켰다. 결국 개선안은 채택되었지만, 합리적 대안이 너무나 어렵게 반영된다는 생각에 전문가는 씁쓸한 기분을 감출 수 없었다.

그래도 개선안이 받아들여진 것은 다행스러운 일이라고 생각하며 며칠을 보낸 전문가는 현장을 확인하는 과정에서 기존방식으로 공사가 진행되는 모습을 보고 아연실색할 수밖에 없었다. 더욱 암담한 상황은 "그 친구 말이야, 사람은 좀 똑똑한 것 같은데, 싸가지가 없어"라는 말이 현장에서 공공연히 나돌고 있다는 것이었다. 불합리한 부분을 개선하기 위해 최선을 다한 전문가로서는 도저히 이해할 수 없는 현실이 눈앞에서 전개되고 있었다. 억울하고 분했지만 자신은 결코 싸가지가 없는 사람이 아니라는 것을 해명해야 한다는 생각에 수차례에 걸쳐 결정에 관여한 사람들과 면담을 요구했지만, 그때마다 회의·약속 등의 사유로 거절당했다. 급기야

회의실에서 전문가가 앉았던 자리가 없어지고 중요한 결정에 참여하는 기회도 배제되었다.

나중에 알았지만 기존공법에서 활용되는 자재의 납품업자는 윗사람과 절친한 사이였다. 친한 친구 하나 챙겨주고 싶은데, 현장에 온 지 얼마 되지도 않은 녀석이 전문성을 앞세워 새로운 방안을 제시하며 자신의 의도를 무산시키려고 했으니 윗사람은 무척이나 속이 상했을 것이다. 그러한 사실을 사전에 감지했더라면 자재비의 비중이 그다지 높지 않기 때문에 해당자재를 바꾸지 않고서도 얼마든지 개선안을 제시할 수 있었다는 생각도 들었다. 이를 계기로 전문가는 소위 '괘씸죄'라는 현상의 심각성을 절감하게 되었다.

열정을 갖고 업무에 매진해 온 전문가는 합리적 의견이 무시를 당하는 현실에 허탈함을 느낀 나머지 다른 직장을 얻겠다는 생각으로 여기저기 문의도 해보고 직접 찾아가 알아보기도 했다. 이렇게 1~2개월을 보낸 전문가가 절감한 것은 무엇인가?

다른 직장의 괘씸죄 현상이 훨씬 더 심각한 수준이라는 것이었다. 현재 직장은 다른 곳에 비하면 상당히 양호한 수준이며 함께 일하는 사람들도 비교적 괜찮은 편이라는 것이었다. 사람이 집단(조직)을 형성하여 함께 일하는 곳에는 정도의 차이만 있을 뿐 '괘씸죄'는 늘 존재한다는 것이었다.

그제 서야 전문가는 조직의 모퉁이에서 이미 이루어진 결정에 대하여 뒷소리나 하는 불평불만자로 전락한 자신의 초라한 모습을 확인하고 소스라치게 놀랄 수밖에 없었다. "어쩌다 이렇게 처참한 결과에 직면하게 되었는가? 어떻게 극복할 수 있는가?"를 생각하며 고민을 거듭한 끝에 전문가는 기술·돈에 관한 지식도 중요하지만 사람과 관련된 문제의 본질을 규명하여 해결하는 능력이 더할 나위 없이 중요하다는 사실을 깨닫게 되었다.

  건설사업 추진과정에서 가장 심각한 문제는 사람에서 비롯된다는 생각을 하면서 전문가는 사람 공부를 할 수 있는 방안을 모색했다. 그러나 "공학을 전공한 사람이 본분에 충실하지 않고 주제넘게 인문사회학의 핵심주제인 사람 공부를 하려고 한다."는 핀잔을 듣게 되면서 전문가는 기술 지향적 한계를 벗어나지 못하는 국내풍토에 아쉬움을 느끼며 해외유학의 길을 나서게 되었다.

  건설사업에 참여하는 다양한 집단(조직) 구성원은 한 결 같이 입을 모아 발주자 요구조건을 충족시키겠다고 다짐한다. 믿을 수 있는 다짐인가? 이들은 서로 다른 성장과정과 교육배경 그리고 나름대로의 이해관계를 갖기 때문에 추구하는 가치(value)도 다를 수밖에 없다. 기대했던 결과가 얻어지지 않으면 갈등과 마찰을 불러일으킬 수도 있다. 문제는 갈등·마찰이 발생하는 현실 자체가 아니다. 그러한 현실을 당연한 현상으로 이해하고, 그 부정적 측면을 최소화하는 한편 긍정적 효과를 극대화하지 못하면 사업의 성공을 기대하기 어렵다는 것이다. 사람 중심의 건설경영이 구현되어야 하는 이유는 이러한 관점에 기인한다.

사람중심의 건설경영을 어떻게 설명할 수 있는가? 통상 건설사업의 평가기준은 (그림 2.6)과 같이 비용·품질·공기의 세 가지로 표현된다. 다른 기준은 이 세 가지의 세부항목으로 고려된다. 문제는 이러한 기준에 따라 추진하는

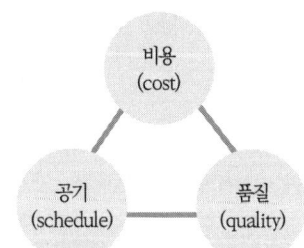

(그림 2.6) 건설사업의 평가기준

수많은 사업의 과정과 결과가 성공적이지 못하다는 것이다. 수개월에서 수년에 이르는 공기지연이 빚어지는가 하면, 천문학적 비용이 추가로 소요되기도 한다. 더 큰 문제는 투입된 비용·시간·노력에 비해 얻어진 결과가 결코 만족스럽지 못하다는 것이다.

이러한 문제를 해결하기 위해서는 건설사업의 성공여부에 결정적 영향을 미치면서도 연구대상으로 다루지 못한 사람(human)을 핵심요소로 고려해야 한다.

(그림 2.7)은 이러한 관점을 반영하기 위해 (그림 2.6)을 수정·보완한 것이다.

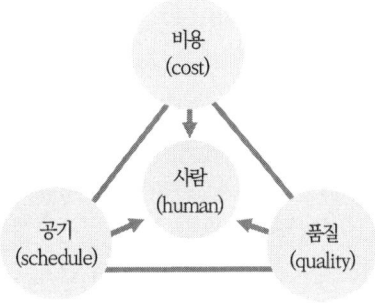

(그림 2.7) **사람 중심의 건설경영**

　사람은 건설사업 추진과정에서 기존의 세 가지 평가기준에 대한 중요도의 가중치를 고려하여 상황을 관리하는 균형추의 역할을 한다. 비용·품질·공기에 관한 개별적 지식이 아무리 많아도 중심에 있는 사람이 이러한 세 가지 요소의 균형을 확보하지 못하면 통합적 시너지 효과는 얻어질 수 없다.

　야심차게 떠난 유학이었지만 사람 중심의 건설경영을 탐구하는 전문가의 공부과정은 실망과 좌절의 연속이었다. 기술적 전문성 위주로 문제의 실무적 해결에 매진해 온 전문가가 어느 날 갑자기 철학·심리학·사회학·경제학·경영학·계획이론·의사결정전략 분야에서 다루는 추상적 주제를 탐구해야 하는 하루하루는 감당하기에 너무나도 버거운 과정이었다. 특히 사람이 상황을 인식하는 행태와 관련된 사안인

- 편견과 직관(human bias and intuition)
- 판단과 경험(judgment and experience)
- 가치체계(human value system)
- 집단역학(group dynamics) 등은

한 번도 접해본 적이 없는 전혀 생소한 주제들이었다. 한국에서 우리 글로 쓰여 진 내용도 읽어 본 적이 없는 주제를 영어로 토론하면서 상대방의 공격을 방어하고 자신의 견해를 정당화시키는 한편, 예리한 논리로 상대의 허점을 파고들어야 하는 혹독한 토론과정은 전문가를 곤경에 빠뜨리기에 전혀 부족함이 없었다. 하물며 이러한 추상적 개념을 건설사업에 어떻게 접목시킬 수 있을지 생각이 날 수 있었겠는가?

고통과 번민의 세월을 보내는 전문가의 몰골은 처참한 모습으로 변하기 시작했다. 체중이 7~8kg이나 줄어들었고 스트레스로 인한 피부질환에 시달리면서 하루하루를 괴로워하던 전문가는 "이렇게 고생하지 않아도 먹고 살 수 있으니 지옥 같은 현실을 벗어나 한국으로 돌아가자"라는 아내의 권유에 고마움을 느끼기 시작했다. 결국 자존심과 책임감 때문에 포기할 수 없다고 우기던 전문가는 건강을 염려하며 한국으로 돌아가자고 다그치는 아내의 지속적 제의에 동의하게 되었다.

착잡한 심정으로 귀국을 준비하던 전문가의 생각에 변화가 싹트기 시작한 것은 책으로 가득 찬 마지막 짐의 포장을 마무리하려는 순간이었다. 심경 변화의 사유는 대의명분이 아닌 사소한 체면에서 비롯되었다. 실패한 채 돌아가면 "박사학위를 받고 돌아와서 많은 기여를 하라"고 말하며 격려금까지 챙겨주신 직장상사를 어떻게 볼 수 있는가? 격려금을 되돌려줘야 하나?, "너라면 반드시 해낼 수 있을 거야"라는 말로 용기를 북돋아준 동료·친구들에게 뭐라고 해명해야 하나? 공항까지 나와 배웅해 준 가족·친지들의 실망은 얼마나 클까? 이러한 생각의 파편들이 전문가의 가슴을 무척이나 아프게 후벼 파고 있었다. 특히 친구 분들을 모아 놓고 소주 한잔씩 돌리면서 "영국으로 유학을 떠난 우리 사위가 곧 박사학위를 받는다. 이런 사위 둔 사람 있으면 한번 손들어 봐라"라고 말씀하시며 어깨를 으쓱해 하시던 장인어른의 생각을 하면서 마음이 더욱 더 심란해지기 시작하였다. "여기서 그냥 돌아가면 장인어른이 얼마나 기죽을까?"라는 생각으로 혼란스러워 하던 그 순간 전문가의 가슴 속에서는 "죽든 살든 한번 끝까지 해 보자"는 오기가 용솟음치기 시작했다.

전문가는 포장박스를 다시 풀기 시작하였다. "남아일언중천금(男兒一言重千金)이라고 그렇게 큰 소리 치더니 그새 또 마음이 변했냐?"고 따지는 아내에게 "이제 한국으로 돌아가자는 말은 다시 하지 말자, 실패해서 돌아가느니 여기서 공부하다 죽는 길을 택하겠다."고 말하며 비장한 표정을 지었다.

전문가는 매일 14~16시간 동안 사람에 관한 책과 씨름을 했다. 해박한 연구실적을 낸 학자들을 찾아가 대화했고 현장연구(field research)도 병행했다. 이렇게 1년 정도의 시간을 보내면서 전문가는 자신의 목소리로 관점을 피력할 수 있게 되었고 숙지한 책이 450여 권에 이르렀다. 연구결과를 정리한 600여 페이지의 보고서를 제출하고 휴식을 취하는 전문가에게 지도교수로부터 연락이 온 것은 사흘이 지나서였다. 지도교수는 미소를 머금은 얼굴로 전문가를 바라보며 "연구결과를 읽고 깊은 감명을 받았네, 자네 공부는 이미 내가 요구하는 수준보다 훨씬 더 높은 단계에 와 있네, 이제 사람에 관한 공부는 그만하고 연구결과를 자신의 전문성과 접목시켜서 이론체계를 완성하도록 하게"라고 말했다. "이제 막 재미를 느끼기 시작했는데 좀 더 하면 안 되겠습니까?"라고 답하는 전문가를 지도교수는 웃음 띤 얼굴로 바라보며 "그동안 수고 많았네."라는 말로 격려해 주었다.

전문가는 사람에 관한 내용을 전문지식과 접목하는 과정에서 무척 놀라운 사실을 깨달았다. 머릿속에 이미 건설사업 추진과정의 경영과 의사결정을 위해 필요한 전략적 접근방법론이 완성되어 있었던 것이다. 남은 일은 형성된 개념적 틀 속에 기술·돈 문제를 다루는 기법을 자리매김하는 것이었다. 각 부품이 제자리를 잡아 기능을 발휘하면 전체적 작동을 통해 큰 힘을 발휘하는 기계와 같이 필자의 이론모델은 구체적 내용을 흡수하면서 엄청난 시너지 효과(synergy effect)를 창출하기 시작했다.

누가 무슨 대안이든지 제시하면 상황의 특성과 연계시켜 문제의 본질을 규명하는 한편, 더 쉽고 더 빠르고 더 경제적인 해결방안을 즉시 제시할 수 있었다. 특정대안을 고수할 수밖에 없는 상황에서는 대안에 내포된 현재와 미래의 문제점을 정확히 짚어줄 수 있었다. 전문가는 이론체계의 강력함에 전율을 느꼈고 뿌듯한 마음이 가슴속에서부터 용솟음치는 느낌을 실감했다.

전문가가 읽은 450여 권의 책이 담고 있는 내용을 살펴보자. 450여 권의 책이라니 얼마나 많은 분량인가? 1800년대에 출간된 고전부터 최근 서적까지 탐색하며 다양한 내용을 섭렵했으니 지식수준이 엄청나게 높아졌다고 생각할 수 있을 것이다. 과연 그럴까? 결론은 그렇지 않다는 것이다. 공부과정은 무척 난해했고 참을 수 없는 고통과 번민을 동반했지만 궁극적으로 도출된 핵심적 본질은 상식에 가까운 내용이었다. 절실한 깨달음의 체화가 필요할 뿐, 복잡·다양하고 높은 수준의 지식체계는 아니었다.

절감을 통해 체득하는 깨달음과 공부해서 얻는 지식은 어떻게 다른가? 지식은 반복적으로 암기하지 않으면 사라지지만 깨달음을 통해 체화된 본질과 원리는 가슴으로 느끼는 순간에 뇌리에 박혀서 더 이상 암기가 필요하지 않다. 자전거를 탈 수 있는 균형감각을 익히고 나면 몇 년 후에도 큰 어려움 없이 몸을 실을 수 있고, 수영방법을 감각으로 체득하면 후속적 노력 없이도 몸을 물에 띄울 수 있는 이치와 다르지 않다.

문제는 단순하지만 절대적인 핵심개념 몇 가지를 깨닫기 위해서 오랜 기간에 걸친 노력과 고통을 감수하지 않으면 안 된다는 것이다. 깨달음으로 무장된 개념과 전략의 귀중함은 아무리 강조해도 결코 지나침이 없는 것은 이러한 연유에서 비롯된다.

"지금 알게 된 것을 예전에도 알았더라면 얼마나 좋았을까?"라는 생각이 뇌리를 스칠 때마다 전문가 깨달음이 배어 있는 지식의 소중함을 절감했다. 이제 그토록 소중한 것들을 하나씩 하나씩 규명하고자 한다.

인적 대립과 갈등 - 괘씸죄·아첨·집단역학·보수성

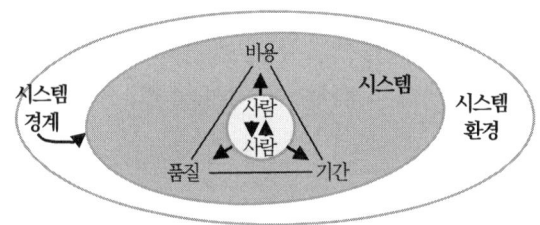

괘씸죄

 사람 중심의 건설경영을 탐구하기 위해 450여 권의 책을 읽고 깨달은 핵심원리의 첫 번째는 전문가가 실무과정에서 이미 체험한 **'괘씸죄'**에 관한 것이다.

 지극히 현실적이지만 복잡·미묘한 인간적 행태를 탐구하는 과정이 결코 용이하지 않았지만 곱씹어보니 전문가가 실전적 현실에서 경험한 괘씸죄의 현상이었다. 경험적으로 체득한 것인 만큼 금방 이해하고 설명하는 전문가에게 지도교수는 박수를 치며 공감을 표현 주었다.

 결론부터 말하면 사람이 집단(조직)을 형성하고 일하는 상황에는 '괘씸죄'라는 것이 반드시 존재한다는 것이다. 왜 이러한 불합리가 존재하는지에 대하여 이의를 제기하지 말고 괘씸죄에 걸리지 않도록 사려 깊게 판단하고 신중하게 행동해야 한다는 것이다.

괘씸죄는 자신이 활용할 수 있는 신뢰·세력의 기반이 형성되지 못했거나 미약한 상황에서 능력과 열정을 두드러지게 발휘하는 사람에 대하여 작용하는 내부적 힘의 불균형 상태가 외부로 표출되는 현상이다. 결과는 자신에게 영향력을 미칠 수 있는 사람의 의도에 거슬리거나 눈 밖에 나서 미움을 받는 양상으로 귀결된다.

새로운 조직에 합류하여 어려운 일을 맡아 혁신적으로 일하면서 주변 사람들로부터 박수갈채를 받아본 적이 있는가? 사람들은 하나같이 "이번에 새로 온 친구 말이야, 정말 유능해, 그동안 해결하지 못했던 문제를 저렇게 깔끔하게 정리해 나가니 말이야, 정말 장래가 촉망되는 친구야"라고 칭찬을 한다. 기대에 어긋나지 않기 위해 더욱 더 노력하여 멋진 결과를 보여주고 싶은 마음은 인지상정(人之常情)이 아니겠는가?

실상은 어떤가? 가시적 성과를 낼 수 있는 결정적 시점에서 누군가가 방해하여 일을 그르치고는 한다. 긍정적 결실은 다른 사람이 선취하는가 하면 열심히 일하는 과정에서 생긴 작은 실수가 크게 부풀려져 질타를 받기도 한다. 목표를 향해 질주하는 사람을 말로는 칭찬하지만 눈에 띄지 않는 방식으로 발을 걸어 넘어뜨려서 곤궁에 빠뜨리기도 한다. 처음에는 우연이라고 생각하지만 유사한 고충을 몇 번 겪고 나면 주위 사람들이 겉으로는 환호하지만 이들의 속마음은 결코 그렇지 않다는 것을 알게 된다. 조직과 구성원 모두에게 유익한 방향으로 최선을 다하고 있는 사람을 왜 못마땅

하게 여기는가? 이유는 간단하다. 일의 내용이나 추진방식이 기존과 달라졌기 때문이다.

새로운 상황에서 생각과 행동방식에 대한 사람들의 공감을 얻지 못하고 일을 강력하게 추진하면서 주변 사람들과 부딪치면 어김없이 '괘씸죄'의 제물이 된다. 목적과 방향이 타당하더라도 실행에 앞서 지지와 공감을 얻기 위한 시간과 노력을 들여야 한다. 돈이 들어가면 입지를 강화하기 위해 뿌리를 내리는 과정에서 요구되는 '착근비용(着根費用)'이라고 생각해야 한다. 신장개업을 한 상점이 이웃들에게 돌리는 떡과 같은 것으로 간주해야 한다.

다시 한 번 강조한다. 사람이 집단(조직)의 형태로 일하는 과정에서는 괘씸죄 문제가 반드시 발생하므로 이의를 제기하기 보다는 걸리지 않도록 사려 깊게 생각하고 신중하게 행동하라고…

아첨(ingratiation)

두 번째 깨달음은 괘씸죄와 다소 대비적인 **'아첨'**에 관하여 보다 유연한 생각을 가져야 한다는 것이다. 집단(조직)에서 자신의 입지를 강화·유지하기 위해 사람의 환심을 얻으려는 행위가 아첨이다.

경영현실에는 참으로 많은 유형의 아첨이 등장한다. 아첨꾼에게도 급수가 있다. 환심을 얻기 위해 바구니에 가득 담겨 있는 사과 중에서 가장 크고 맛있게 생긴 것을 골라 깨끗한 손수건으로 윤이 나도록 닦아서, 생글생글 웃으며 "한번 드셔 보십시오, 정말 맛있습니다."라고 말하며 권하는 초보적 아첨꾼(apple - polisher)이 있는가 하면, 아예 자신의 입장을 완전히 죽이고 상대방의 표정과 눈빛 그리고 행동 하나하나에 절대적 공감을 표명하며 자신의 혀로 구두 뒤축이라도 핥아 주겠다는 태도를 보이는 골수적인 아첨꾼(boot - licker)도 존재한다.

아첨이 횡행하는 현실에 우리는 어떻게 대처하고 있는가? 대개 그런 짓은 하지 말아야 한다고 목청을 높인다. 아첨하는 모습을 보고 왜 저렇게 사는지 이해할 수 없다며 책상치고 분개하며 통탄해 한다.

그럴 필요는 없다. 당신은 아첨을 전혀 하지 않는가? 물론 "나는 절대 아첨하지 않는다."고 말하는 경우가 많다. 정도의 차이만 있을 뿐이지 때와 장소를 가려서 대부분의 사람들은 아첨을 한다고 말해도 "나는 원래 체질적으로 그런 짓은 하지 못한다."고 항변하기도 한다. 그러나 수 백 년에 걸친 인간의 삶에 대한 궤적을 추진해 본 결과는 누구를 막론하고 위기상황에 처하면 본능적으로 자신을 지키기 위해 아첨을 한다는 것이다. 겉으로 안하면 마음속에서라도 아첨을 한다는 것이다.

아첨에 대한 전략적 관점을 살펴보자. 자신이 기업의 중견 실무자로서 특정사안에 대해 업무적 압력을 받는 상황을 설정하고 상상력을 발휘해 보자.

 실세 중역 한 분이 외부로부터 청탁받은 사안을 당신에게 건네며 '심층적으로', '적극적으로' 그리고 '전향적으로' 검토하라는 지시를 했다. 검토 결과 중역의 의도대로 처리하면 가까운 시일 내에 조직의 장래는 물론 본인 입지에도 심각한 상황이 초래될 것이라는 생각이 들었다. 같은 지시선상에 있는 직속상관은 실세 중역의 지시를 거스르지 말자고 했지만 논쟁 끝에 '이행불가'라는 당신의 의도를 관철시켰다.

 다혈질인 상급자의 의도에 반하는 결론을 도출하여 보고하러 가는 마음이 편할 수 있겠는가? 발걸음은 무겁고 가슴이 뛰면서 엄습해 오는 불안감을 경감시키기 위해 당신은 함께 가는 직속상관에게 "보고는 제가 원래 잘하겠지만 상황이 험악해질 가능성이 농후합니다. 끝까지 제 입장을 잘 대변해 주셔야 합니다."라고 말한다. 직속상관은 "걱정 말고 보고만 잘하게. 내가 자네 입장을 확실히 고수해 주겠네, 자네도 알지 않는가? 나는 한다고 맘먹으면 하는 사람이라는 것을…'이라는 말로 당신을 위로해 준다. 한결 편안해진 마음으로 중역의 집무실에 이르러 노크를 하니 안에서 들어오라는 목소리가 들려온다. 그 순간 당신과 직속상관은 서로 얼굴을 마주보고 눈빛을 마주치며 고개를 끄덕인다. 합의한 대로 밀어붙이자는 무언의 다짐인 것이다.

보고받는 내용의 결론이 자신의 기대에 어긋난다는 것을 중역이 알아 챈 것은 보고를 시작한 지 5분 정도 지났을 때이다. 중역의 표정이 짜증스럽게 변하자 당신의 직속상관은 안절부절 하기 시작한다. 잠시 침묵이 흐르고 나서 그 중역은 "왜 자네들은 매사를 이렇게 부정적으로만 처리해서 나를 난처하게 하는가? 이것 말이야, 이 부분을 조금만 바꾸면 내 입장도 살고 자네들도 크게 책임질 일이 없지 않겠나?"라고 말하며 당신과 직속상관을 다그친다. 그 제안은 이미 당신이 불가능한 대안으로 검토한 내용이었다. 당신은 직속상관과 사전에 합의한 대로 "그것은 ○○ 때문에 안 됩니다."라는 말을 하려는 바로 그 순간이었다. 직속상관은 말을 가로막으며 "예, 맞습니다. 알고 보니 그게 요점이군요. 저희들이 그 부분은 미처 생각하지 못했습니다. 즉시 검토해서 다시 보고 드리겠습니다."라고 말하는 것이 아닌가? 순간적으로 아연실색하는 당신에게 직속상관은 "이 보게, 뭐하고 있나, 어서 가서 재검토하자고"라는 말을 덧붙인다. 직속상관은 머리를 숙이며 "다시 보고 드리겠습니다."라는 한마디를 던지고 당신을 밀쳐서 부랴부랴 밖으로 나온다.

당신은 보고과정에서 직속상관의 말을 중단시키려고 했지만 그 기회를 잡지 못했다. 대신 무척 짧은 순간에 참으로 많은 말을 한꺼번에 뱉어낼 수 있는 직속상관의 언어능력에 감탄했을 뿐이다.

당황스러웠던 마음을 진정시키고 정신을 차려보니 직속상관은 저만큼 앞에 가고 있었다. 당신은 서둘러 쫓아가 직속상관의 앞을 가로막으며 "정말 이러셔도 되는 겁니까? 사전에 굳게 합의해 놓고 상황이 좀 여의치 않다고 해서 손바닥 뒤집듯이 그렇게 입장을 바꾸시다니요? 정말 앞으로 믿고 함께 일할 수 있는 겁니까?"라고 쏘아붙인다. 직속상관은 웃으면서 "자네도 내 입장이 되어 보면 다 이해할 수 있을 거야"라는 말만 남기고 자리를 떠나 버린다. 나중에라도 당신은 직속상관의 입장을 이해할 수 있을까?

이후 상황은 어떻게 진전되는가? 몹시 서운해 하는 당신을 직속상관이 찾는다. 당신은 직속상관이 미안함을 느껴서 사과할 것으로 알고 "윗사람이니까 이해하고 받아들여야지"라는 생각을 하면서 마음을 너그럽게 갖는다. 그러나 직속상관은 "자네, 보고서를 다시 만들지 않고 뭘 하는 건가?"라고 질책한다. 실망감과 서운함이 증폭된 당신은 "그건 말이죠, 제약조건이 많아 안 되는 겁니다."라고 대답한다. 직속상관은 "그러면 안 된다는 보고서라도 만들어 와야 할 것 아닌가?"라고 반문한다. 당신은 야속한 감정을 감추지 못하고 "저는 그렇게 보고를 위한 보고는 하고 싶지 않습니다."라고 답하며 반발한다. 직속상관은 태연한 표정으로 "자네가 못하겠다면 보고는 내가 하지, 보고서만 만들어 오게"라고 말한다.

다시 보고하면서 직속상관은 "지시하신 사항을 검토했는데, 대부분 가능하지만 관련법의 제약으로 인해 이 부분이 조금 매끄럽지 못합니다."라고 언급한다. 중역은 안 된다는 말에 실망감을 보이면서도 "그러면 말이야, 이 부분을 조금 바꿔보면 어떻겠나?"

라고 말하며 또 다른 주문을 한다. 옆에서 보고 있는 당신은 "그것은 조금 매끄럽지 못한 수준이 아니라 엄청나게 거칠고 불편한 정도인데..., 왜 저렇게 우회적으로 말하는가? 어쨌든 불가능한 내용 아닌가?"라고 생각하며 마음속으로 "어디, 한번 해 봐라, 되는가?, 그건 법적으로 도저히 불가능한 사안이란 말이야"라고 빈정거렸다. 그 와중에 직속상관은 "예, 알겠습니다. 다시 검토해 보겠습니다."라는 말과 함께 보고서를 챙겨들고 나와 당신에게 다시 만들도록 지시한다. "그것도 안 되는 사항인데요."라는 당신의 말을 일축하며 "보고는 내가 할테니 다시 만들어 오게"라고 목소리를 높였다.

또 다시 보고하면서 직속상관은 "다시 검토해 보니 법의 직접적 저촉을 받는 이 부분이 조금 걸리는데요."라고 말한다. 한참동안 설명을 들은 중역은 "그렇군, 그 부분이 문제가 되겠군, 그러면 말이야, 여기를 조금 수정하면 되지 않나?"라는 말로 또 다른 변경을 요구한다. 당신은 마음속으로 "그것도 심각한 위법사항인데, 왜 저렇게 애매하게 말하는가? 그래 어디 한번 해봐라 되나, 놀고 있네."라고 마음 속으로 야유를 보낸다. 그러나 직속상관은 또 다시 "예, 알겠습니다."라는 말과 함께 고개를 꾸벅이며 보고서를 들고 나와 당신에게 검토하라고 지시한다.

화가 머리끝까지 뻗친 당신은 "아니, 지금 뭐 훈련시키는 것도 아니고..., 지금 관계가 다소 소원해지더라도 안 되는 것은 안 되는 것으로 분명하게 정리해야 합니다. 이렇게 애매한 태도로 자꾸

시간을 끌면 윗사람은 당연히 기대감을 갖게 되고, 우리는 점점 어려움에 빠져들게 됩니다. 나중에 어떻게 마무리하시려고 합니까? 이제 저한테 맡기시지요. 왜 안 되는지 확실히 설명 드려서 내일부터는 더 이상 신경 쓸 일 없도록 하겠습니다."라고 눈을 부릅뜨고 말한다. 직속상관은 얼굴을 찌푸린 채 화를 내며 "이 사람, 보고는 내가 하겠다는데, 보고서 만드는 것이 그렇게 어려운가? 됐네, 보고서도 내가 직접 만들지…"라고 말하는 것 아닌가? 당신은 어쩔 수 없이 "아닙니다. 제가 만들겠습니다."라고 말한다.

 이미 여러 차례 보고를 받아 내용을 파악하고 있는 중역은 결론 부분만 확인한다. 역시 안 된다는 결론에 실망스러워 하며 "안 된다 이거지, 됐네, 이 사람들아, 이 보고는 안 받은 것으로 하지"라고 말하며 보고서를 한 쪽으로 치워 버린다. 당신은 마음속으로 "이제 올 것이 왔구나, 오늘 한 번 박살나면 내일부터는 더 이상 고민 안 해도 되겠지, 에라 모르겠다, 될 대로 되라"고 되 뇌이며 체념한다. 그러나 중역의 얼굴에는 화난 기색이 전혀 보이지 않는다. 입가에 미소를 머금은 채 직속상관에게 부드러운 목소리로 "내가 사실 무리한 부탁을 했지?"라고 말한다. 당신은 "그래도 무리한 내용인지는 알고 있었네."라는 생각을 하면서 직속상관에게 "애초부터 너무 지나친 사항이었다."라고 말씀드리라고 속삭인다. 그러나 직속상관은 아무 말도 하지 않고 웃고 있다. 중역은 "내가 정말 무리한 요구를 했지?"라고 또 말하며 웃고만 있는 직속상관에게 "사실 내가 지나친 부탁을 했어, 그런데 말이야, 표정 한 번 바꾸지 않고 성심성의껏 검토해서 보고해 주는 자네에게 내가 무척 큰 고마움과 미안함을 느꼈네, 내 요즘 기분이 매우 좋아, 난 말이야, 자네 같은 사람이 우리 조직에 있는 것이 자랑스러워, 자네 뭐 나한테 부탁할 것 없어, 뭐든지 말만 해, 다 들어주겠네."라고 말하며 유쾌하게 웃는다.

이러한 상황을 지켜보는 당신의 마음이 혼란스러워지기 시작한다. 적대적 분위기로 치달릴 것 같던 둘 사이에서 우의가 돈독해지는 소리가 들리지 않는가? 부당한 지시라며 단호하게 거절하면, 그 순간만큼은 소신 있는 사람으로서 괜찮아 보이겠지만 매일 접하는 윗사람과의 불편해진 관계는 어찌 하는가? 당신의 직속상관은 부당한 지시를 이행하지 않으면서도 상황을 유쾌하게 반전시키지 않는가?

이와 대비적으로 전문성으로 무장된 사람들이 민감한 문제를 놓고 협상하는 모습을 생각해 보자. "절대로 안 돼, 죽어도 안 된다니까?"라는 말을 자주 사용하지는 않는가? 어려운 상황에서 나는 확실히 살아야겠으니 너는 완전히 죽으란 말 아닌가? 상대방이 당신의 상관이라면 어찌하겠는가? 동료나 부하직원이라도 결코 간단한 상황이 아니다. 죽기 살기로 반격하는 상대방에게 지친 나머지 "그래, 네 맘대로 해라, 내가 죽어주마, 하지만 네가 얼마나 잘 되는지 내가 꼭 지켜볼 거다."라고 악담을 하지는 않는가? 곰곰이 생각해 보고 나서 "왜 나만 죽어야 하는가?"라는 마음으로 분개하며 "까짓 것,

네 입장 내 입장 가릴 게 뭐 있나? 이왕 이렇게 된 거, 같이 죽자"라는 태도를 보이며 극단적 상황으로 몰고 가지는 않는가?

어느 하나도 쓸모없는 이러한 협상방식을 배제하고, 공존 공영할 수 있는 길이 존재한다는 것을 믿어야 한다. 조금만 심사숙고하면 그 길을 찾을 수 있다고 믿어야 한다. 머리를 써서 그러한 방안을 찾아내야 한다.

상황의 악화 여부에 관계없이 끝까지 자신의 의견을 관철시킬 수 있다. 결코 아첨이 존재해서는 안 된다고 단언할 수도 있다. 그러나 당신이 추구하는 합리적 세계관과 통상적 현실을 완벽히 일치시키려는 생각은 비현실적이다.

사람들은 위기상황에 직면하면 정도의 차이가 있을 뿐, 자신을 지키기 위해 본능적으로 아첨을 한다는 사실을 다시 한 번 상기하자. 나도 하는 것을 다른 사람이 좀 한다고 해서 책상치고 분개하며 통탄해 할 필요가 있는가? 입장을 바꿔 생각해 보고 나도 그렇게 할 가능성이 조금이라도 있다면 포용하고 이해하자. 이것이 바로 아첨의 전략(strategy of ingratiation)이다.

건설사업 추진상황에서 아첨이라는 생소한 주제와 친숙해지기 위해 한 가지 예를 들어 보자. 개발사업에서 대부분의 사업주는 전문지식을 확보하지 못하고 있기 때문에 건설경영자를 대리인으로 선정한다. 건설경영자는 사업을 성공적으로 마무리하기 위해 사업주와 원만한 관계를 유지하지 않으면 안 된다. 적지 않은 건설경영자들이 강조하는 애로사항은 "사업주의 귀가 너무 얇다."는 것이다. 다른 곳에서 "어느 것이 좋다."는 말을 들으면 즉시 건설경영자를 불러서 "이런 것이 있다는데..."라고 말하며 검토를 요구한다는 것이다. 음성적 제안의 저변에는 복잡한 이해관계가 도사리고 있을 가능성이 높고 그 내용도 심사숙고할 만한 가치가 없다는 것을 즉시 알아챈 건설경영자는 문제점을 설명하고 검토할 필요가 없다고 설득한다. 그러면 사업주는 '당신이 전문가니까, 당신 말이 맞겠지,'라고 말하며 요구를 철회한다.

그러나 검토요구에 대한 거절의 빈도가 점점 많아지면 건설경영자에게는 요구 자체가 두통거리가 되면서 다른 업무의 정상적 추진을 저해하는 요인이 된다. 결국 건설경영자는 다소 언성을 높여서 "이것은 안 되는 겁니다. 뻔한 사안으로 검토할 필요조차 없습니다. 지난번에도 이와 유사한 건이 있었잖습니까?"라는 말투로 상황을 정리한다.

이러한 상황이 자주 발생하면 사업주도 사람인만큼 서운함을 느끼면서 마음속으로 건설경영자에게 무엇인가 말을 한다. 마음속으로 전하는 말이기 때문에 들을 수 없지만 듣지 못하면 건설경영자의 입지는 한순간에 무너질 수도 있다.

사업주가 마음으로 전하는 말은 "당신에게 부여되는 일과 돈 그리고 권한이 모두 나로부터 비롯되는 것인데, 나를 이렇게 홀대하다니 참으로 괘씸한 사람이군."이다.

가장 중요한 고객인 사업주와 관계가 악화되기 시작하면 상황을 감지한 주변 이해관계자들이 사업주에게 수시로 접근하여 건설경영자의 부정적 행태를 포함한 사안을 음성적으로 제안하면서 많은 일이 진행된다. 이로 인해 적지 않은 문제가 발생하지만 정작 사업주는 "일이 이렇게 되도록 당신은 뭘 했느냐"라며 모든 책임을 건설경영자에게 전가한다. 결국 건설경영자의 업무적 이미지는 부정적 색채를 띠게 되고 명성도 한풀 꺾이게 된다.

아첨의 본질을 파악했다면 사업주의 성가신 요구에 불만을 표명하지는 않았을 것이다. 다소 번거롭더라도 성의껏 검토하여 실행이 가능한지 여부를 설명해 주고 부분적으로라도 가능한 실행방안을 제시했을 것이다. 성의 있는 노력이 지속되면 사업주도 많은 것을 느끼면서 마음속으로 건설경영자에게 무언가 말을 한다. 역시 마음속으로 하는 말이니 들리지 않겠지만 그 내용이 긍정적이어서 듣지 못해도 뒤탈은 없을 것이다. 사업주가 뭐라고 하는가? "내가 매번 무리한 요구를 했는데도 나와 내 생각 그리고 내 입장을 소중하게 배려해서 번거로움을 감수하며 나를 설득하고 이해시켜 줬구나, 훌륭한 사람이야, 나는 어떠한 일이 있어도 끝까지 당신을 신뢰할 거야"라고 말한다.

이렇게 사업주와 건설경영자를 연결하는 신뢰의 끈이 한껏 강화되면 주변 이해관계자들이 사업주에게 슬며시 다가가 귓속말로 무슨 말을 해도 건설경영자의 입지는 조금도 흔들리지 않는다. 사업주는 "왜 내게 직접 이러한 얘기를 하는가? 나의 대리인인 건설경영자를 통해서 보고하든가 아니면 같이 오도록 하게"라고 말할 것이기 때문이다.

건설경영자는 권한을 스스로 만들어내야 한다. 힘의 근원인 사업주와 신뢰관계를 구축하여 부여받은 권한에 전문성을 가미하여 사업추진을 위해 필요한 선의적 영향력을 창출해야 한다. 이제 아첨에 대하여 더 이상 냉소적 입장만을 유지하지는 말도록 하자.

집단역학(group dynamics)

세 번째의 핵심개념은 **집단역학**이다. 집단역학의 의미를 파악하기 위해서는 먼저 '동력학(動力學)'이라는 뜻을 갖는 'dynamics'에 관심을 가져야 한다.

살아 움직이는 실체는 나름대로의 힘을 갖는다. 집단생활에서 부지런함이 돋보이는 꿀벌과 개미의 행태를 살펴보자. 모두가 열심히 일하는 것처럼 보이지만 유심히 살펴보면 다른 개체의 노력에 편승하여 놀고먹는 개체도 존재한다. 생산에 기여하지 않고 놀고먹는 것들을 걷어내면 열심히 일하는 개체만 남는가? 생태계의 현실은 그렇지 않다. 조금 지나면 나머지도 일하는 집단과 놀고먹는 개체로 구분된다. 일하지 않는 개체를 지속적으로 걷어내어 결국 두 마리만 남게 되면 그중 하나는 일하고 나머지 하나는 놀고먹는 현상이 초래된다.

건설사업 추진과정에는 서로 다른 힘을 갖는 다수의 이해관계 집단(조직)이 참여한다. 강한 집단(조직)이 약한 대상에 침투하여 영역을 확장해 나가면서 전체적 불균형 현상이 초래된다. 어느 시점에 약한 집단(조직)이 실력자를 조직의 장(長)으로 영입하거나 재원을 여유 있게 확보하여 다시 힘을 얻으면 잃었던 영역을 재탈환하여 원상을 회복한다. 여분의 힘이 있다면 다시 상대 집단(조직) 속으로 진격하여 세력을 구축한다.

문제는 물결치듯 수시로 변하는 힘의 역학관계가 눈에 보이지도 않고, 감지해도 그 존재를 명확히 규명할 수 없다는 것이다. 따라서 민감한 마음과 예리한 시각으로 순간순간 동태적 균형을 이루면서 변화하는 힘의 균형선(power balancing line)을 보아야 한다. 보려고 노력하지 않으면 안 보이기 때문이다. 힘의 균형상황이 정태적으로 유지되지 않고 동태적으로 변하기 때문에 정력학(statics)의 관점을 지양하고 동력학(dynamics)의 시각으로 파악해야 한다.

집단역학은 사업목적을 실현하는 과정에서 각 참여집단이 보유한 힘의 가중치에 따라 시시각각 형성되는 업무적·인간적 균형관계를 표현하는 말이다. 힘은 업무적으로 드러나는 능력뿐만 아니라 음성적·비합리적 세력도 포함한다.

건설경영자는 왜 집단역학을 이해해야 하는가? 집단역학이 형성되는 바로 그 부분에서 갈등·마찰이 발생하기 때문이다. 특정 목적을 달성하기 위해 형성되는 집단(조직)은 반드시 나름의 문화적 특성을 반영하는 가치체계(value system)를 갖는다. 특정 가치체계가 어떤 사안을 계기로 또 다른 가치체계와 만나면 곧바로 조화·균형을 이루지 못하고 충돌현상과 불협화음을 유발한다. 이것이 가치의 갈등(value conflicts)이다.

우리나라를 대표하는 두 기업의 업무추진방식을 예로 들어 보자. 한 기업은 불모지역도 지나가면 길이 된다고 할 정도의 추진력으로 무장되어 있다. 길이 없는 곳으로 무리해서 가면 주변의 가시에 옷이 찢기고 살이 찔리는 고통이 따르지만 그래도 목표를 향해 거침없이 진격하는 조직문화를 지니고 있다. 그러나 돌진하는 뒷모습을 보면 마치 나락을 흘리면서 가는 모습이 연상되면서 "저렇게 가면 끝에 가서 남는 것이 있을까?"라는 우려가 생기기도 하였다. 결국 도산위기를 경험했다. 다시 일어서기는 했지만 이제는 예전처럼 강력한 추진력을 구사하는 모습을 보이지는 않는 것 같다.

다른 한 기업은 보수적·체계적 접근을 시도한다. 길이 없으면 우선 길을 내고 진행과정에서 직면할 수 있는 리스크를 점검한다. 적정이윤의 확신이 서지 않으면 사업에 참여하지 않는다. 이윤의 확보가 가능해도 현금화하는 과정에서 발생할 수 있는 유동성 리스크를 헷징(hedging)할 수 있는 방안이 모색되지 않으면 사업을 포기한다. 이러한 연유로 위기상황에 노출되는 빈도가 앞의 기업보다 많지 않다.

어떤 경영방식이 더 나은지의 여부를 떠나 이렇게 서로 다른 조직문화를 기반으로 형성된 두 기업이 특정사업을 수행하기 위해 컨소시엄(consortium)을 형성했다면 즉시 업무적 균형·조화를 이루고 원활하게 소통하며 일할 수 있겠는가?

이러한 상황은 하나의 사업을 추진하기 위해 두 조직이 만난 모습이지만, 한 편으로는 서로 다른 가치체계가 조우한 상황이기도 하다. 결국 가치체계의 충돌로 인해 필연적으로 발생하는 갈등의 관리는 건설경영자의 몫이다.

건설사업 추진과정에 참여하는 각 집단(조직)은 서로 다른 가치체계를 갖기 때문에 동일한 문제에 대해서 전혀 다른 동기와 기대감을 표출한다. 건설경영자는 다양한 가치체계의 균형과 조화를 실현하기 위해 그 속성을 명확히 이해해야 한다.

발주자가 가장 솔깃해 하는 말은 무엇인가? '비용절감과 공기단축'이 아니겠는가? 제한적 재원으로 조기에 목표를 달성해야 하는 발주자 입장에서는 지극히 당연한 것이다. 발주자와 정서적으로 교감하는 소통을 하려면 '비용절감·공기단축'이란 말로 대화를 시작하는 것이 바람직하다. 대화과정에서 수시로 이 말을 사용하고 대화를 마무리할 때도 "앞으로도 비용절감과 공기단축을 위해 지속적인 노력을 경주하겠다."고 말하는 것이 좋다.

왜 그런가? 나의 우선적 가치를 반영하는 키워드(key - word)를 상대방이 내게 써 주면 그 말을 매개체로 서로의 마음과 생각이 소통되기 때문이다. 언어로 전달할 수 있는 내용은 전체내용의 40% 미만이고, 나머지 60% 이상은 상대방에 대한 신뢰감·표정·눈빛·분위기 등의 영향을 받는다. 도대체 믿음이 안 가는 사람이 같은 말을 반복하며 강조하면 오히려 불신감만 더 증폭되지 않는가? 가치를 공유하려는 노력도 하지 않고 전체 의미의 40%도 전달할 수 없는 언어만으로 원론적 대화를 시도한다면 어느 순간 발주자는 "저 사람은 무슨 말을 하면 좀 새겨듣지 않고, 꿀꺽 삼키고 딴 얘기만 하거든, 저런 사람과 다시는 말을 섞고 싶은 생각이 안 난단 말이야"라고 말할 것이다.

설계자는 어떤 가치를 중요하게 인식하는가? 처음 만나서 명함을 주고받고 나면 이들은 대개 "서울 ○○에 있는 ○○건물 아시는지요? 그거 말이죠, 제가 설계한 작품이거든요"라고 말하고는 한다. 이 말을 듣고 나서 "제가 언제 그런 것 물어 봤습니까? 묻지 않는

얘기는 하지 마시고 비용절감과 공기단축에 좀 더 관심을 가져 주십시오."라고 말한다면, 아마 그 설계자는 마음속으로 "이렇게 답답한 사람과 함께 일할 것을 생각하니 앞이 깜깜하구나!"라고 말할 것이다.

설계자는 작품을 통한 명성(reputation)의 획득에 적지 않은 가치를 부여하는 것 같다. 오래 전 여의도에 있는 국회의사당 건물이 준공될 무렵의 일이다. 당시만 해도 각계각층의 관심을 불러일으키던 국회의사당 건물에 대하여 "내가 다했다."고 말하는 사람들이 오백 명도 넘었던 것 같다. 벽체의 마감재 선정에만 관여 했어도 자기가 다했다고 말하며 "내가 국회의사당 설계할 때 말이야"라는 말로 대화를 시작하는 사람이 적지 않았던 것으로 기억한다.

설계자에게도 충분한 재정능력은 절실한 문제이지만, 돈 문제를 어느 정도 해결한 설계자는 시대를 대표하는 '역사적 건물' 앞에서 사랑스런 아들·딸의 손을 잡고 "얘들아, 저 건물이 아빠가 설계한 작품이란다."라고 자랑스럽게 말할 수 있는 자신을 무척 자랑스럽게 생각하는 것 같다.

목적물을 실질적으로 구현하는 시공자의 핵심가치는 무엇인가? 기대이익을 확보하면서 공사를 조기에 완료하고 또 다른 사업을 수주하는 것 아니겠는가? 제대로 일은 하지 않으면서 사사건건 불평만 늘어놓는 현장소장에게 "자선사업 하러 오신 것 아니죠?

제 말씀대로 하세요. 그래야 이익을 낼 수 있습니다. 그리고 이 건만 공사하고 말 건가요? 또 한 건 수주해야 하지 않겠어요?"라고 말해 보라. 강력한 위력을 발휘할 것이다. 시공자의 절대가치는 이윤확보와 계속수주의 가능성이기 때문이다.

한편 건설사업 추진과정의 복잡한 이해관계와 무관한 사용자에게 중요한 가치는 성능·안전·편의성 등이다. 건물(시설) 관리자는 유지관리의 경제성과 용이성 그리고 에너지 절감성능 등을 중시한다.

건설사업에 참여하는 다양한 집단(조직)은 서로 다른 업무적 이해관계를 갖기 때문에 지향하는 가치도 다를 수밖에 없다. 이러한 여건에서 각 집단이 자기 앞의 세상을 달리 인식하면서 생기는 갈등·마찰을 부자연스런 현상으로 볼 수 있겠는가? 오히려 아무 문제없이 만장일치의 분위기에서 일이 신속하게 진행되는 상황을 경계해야 한다. 십중팔구 골치 아픈 문제를 일단 덮어 둔 경우일 것이기 때문이다. 갈등·마찰은 긍정적이든 부정적이건 반드시 존재한다. 모든 것이 순탄하게 진전된다면 특정사안과 관련된 이슈(issues)를 제기하여 갈등을 조장하여 잠재되어 있는 문제를 표출시켜야 한다. 그리고 갈등의 부정적 측면을 최소화시키는 동시에 긍정적 효과는 극대화시켜야 한다.

가치체계의 조화·균형은 아무리 강조해도 결코 지나치지 않다. 과거에 발생된 성수대교와 삼풍백화점 붕괴 그리고 구포 무궁화호

열차 전복 등에서부터 최근 중대재해처벌법 시행 이후에도 끊이지 않는 건설사고를 생각해 보자. 우리나라 건설기술이 구조물의 붕괴를 유발할 정도로 저급한 수준인가? 그렇다면 어떻게 중동지역 건설시장에 진출하여 세계적으로 인정받는 시공능력을 과시할 수 있었는가? 어떻게 동남아 건설시장에서 세계 굴지의 건설사와 어깨를 견주면서 공사를 수행할 수 있었는가? 우리나라 건설사의 시공기술은 결코 낮은 수준이 아니다. 문제는 시공능력을 발휘할 수 없게 하는 왜곡된 풍토에 있다.

사회적 파장을 불러일으킨 건설사고 이면에는 반드시 가치체계의 불균형으로 인해 참여집단의 일부 또는 대부분이 일방적 피해의식에 젖어 있는 상황이 존재한다. 예를 들어 당신이 수주한 수백 억 원 규모의 건설사업에 대하여 손익계산을 해 보니 최선을 다해도 수십 억 원의 적자가 불가피하다는 판단을 했다고 해 보자. 이러한 상황에서도 당신의 머릿속에서 '품질·안전, 성실시공, 혼을 담은 시공'과 같은 말이 떠오르겠는가? "어떻게 하면 손실을 최소화 시킬 수 있을까?"라는 고민을 먼저 하게 될 것이다. 더 적극적으로 고민하다 보면 다만 얼마라도 이익을 남길 수 있는 방법을 찾겠다는 생각에 치중하게 될 것이다. 그러다 보면 "이 정도쯤이야, 지난번 에도 괜찮았는데 뭐, 지금까지 잘 되어 왔는데 앞으로도 괜찮지 않겠어?, 그래도 내 입장에서는 할 만큼은 했잖아?"와 같이 배짱과 신념 그리고 근거 없는 낙관을 반영하는 말이 분위기를 주도하게 된다. 건설현장에서 이러한 분위기를 반영하는 말과 행동이 난무한다면 품질점검은 할 필요도 없다. 이미 부실공사가 이루어지고 있을 가능성이 농후하기 때문이다. 언어는 생각을 반영하고 생각은 가치에 투영된다. 그리고 가치를 구현하는 행동이 전개되면서 작은 부분에서부터 문제가 발생하기 시작한다. 종합적 시스템을 다루는 건설사업의 속성상 부분의 문제는 부분으로 끝나지 않는다. 부분의 결점이 '도미노 효과(domino effect)'를 야기하면서 증폭되다 보면 사회적 충격을 유발하는 붕괴의 참상을 초래하는 것은 순간이다.

갈등·마찰을 사전에 방지하고 관리하는 노력도 중요하지만 상황에 따라서는 잠재된 문제를 표출시키기 위해 이를 조장하는 기술도 의미를 갖는다. 당신이 특정사업의 평가에 투입되었다고 가정하고 상상력을 발휘해 보자.

당신은 평가업무 수행의 일환으로 현장을 자주 방문하지만 적당히 게으른 성격 때문에 현장 구석구석을 샅샅이 살펴보는 수고스러운 일을 회피한다. 그 대신 업무담당관·현장소장·감리단장 등과 토의를 실시한다. 당신은 미리 파악한 몇 가지 문제점을 지적하며 발주자를 대표하는 업무담당관을 신랄하게 비방한다. "진입도로가 정돈이 안 되어 있고 현장정리도 엉망이며 시공상태도 불량하다. 발주자를 대표하는 업무담당관은 이렇게 되도록 지금까지 무엇을 했는지 모르겠다."라고 비난하자 업무담당관은 무척 난감해 한다.

그때 현장소장이 자리를 박차고 일어나면서 '아 그것 말이죠,

사실 업무담당관께서 제게 조치하도록 지시하신 사항인데, 요즘 현장에 크고 작은 행사가 많아서 일에 쫓기다 보니 다소 늦어지고 있습니다. 이번 주 내로 모두 조치할 수 있는 사안이니까 너무 염려 안하셔도 됩니다."라는 말로 난처한 상황의 업무담당관을 두둔한다. 권위 있는 지적에 찬물을 끼얹는 것 같은 이 말에 당신은 공격의 기세를 늦추지 않고 "이것 보십시오. 그것 하나만을 말하는 것이 아닙니다. 여기 오기 전에 문제를 다 파악해 보았어요. 연약지반 개량공법도 아직 선정하지 못하여 공기가 계속 지연되고 있지 않습니까? 도대체 현장을 어떻게 관리하는 겁니까?"라고 응수한다. 예리한 지적에 현장소장이 당황하는 그 때, 감리단장이 벌떡 일어서면서 "그 사항은 제가 답변 드리겠습니다."라고 말한다. 당신은 마음속으로 "내가 현장소장에게 말하고 있는 데 왜 갑자기 감리단장이 나서는가? 누가 자기보고 말하라고 했나?"라는 생각으로 못마땅했지만 감리단장은 유창한 언변을 구사한다.

"적정공법을 선정하기 위해 그 동안 심층적으로 검토해 왔습니다. 다소 늦어지고 있지만 검토결과가 공사비·공기에 미치는 영향이 워낙 커서 세밀한 검토가 불가피한 실정입니다. 그래서 시간이 좀 걸리기는 했는데…, 이제 개별공법에 대한 장·단점 분석이 끝나서 종합적 검토를 진행하고 있습니다. 늦어도 다음 주 안으로는 적정공법을 선정하여 공사를 진행할 수 있을 겁니다. 크게 걱정 안하셔도 됩니다."

현장소장을 두둔하는 감리단장을 공격하면 다시 현장소장이 일어서서 "그 문제는 제가 보충 설명하겠습니다."라고 말하며 감리단장을 지원한다.

당신은 언짢은 표정을 지으며 함께 간 직원에게 현장 분위기가 유쾌하지 못하니 빨리 떠나자고 하면서 몇 가지 간단한 자료를 확보하도록 지시한다. 잠시 후 자료를 확인한 당신은 직원에게 다른 현장으로 가자고 독려한다. 현장직원들이 차타는 곳까지 따라 와서 "모처럼 오셨는데 식사도 안하고 그냥 가시면 서운해서 어떻게 합니까?"라고 하는 말을 뒤로 하고 당신은 다른 현장으로 향한다. 정말로 마음이 언짢아서 일찌감치 현장을 떠나는가? 그렇지는 않을 것이다. 오히려 가슴속에 흐뭇한 마음을 간직한 채 기분 좋게 떠난다고 보아야 할 것이다.

상대방의 어려운 입장을 자신의 아픔으로 끌어안는 분위기가 형성된 현장에는 큰 문제가 없고, 있다고 해도 사람들이 합심하여 금방 문제를 해결한다. 다양한 이해관계 집단(조직)의 가치체계가 이미 균형과 조화를 이루고 있어서 갈등 문제가 없다고 사료되기 때문이다.

동일한 비방에 전혀 다르게 반응하는 현장을 묘사해 보자. 난처한 질문과 비방에 업무담당관은 도저히 수긍할 수 없다는 표정을 지으면서 회의 내내 불편한 심기를 감추지 못한다. 당신도 좀 지나쳤다는 생각이 들어서 부드러운 목소리로 업무담당관에게 할 얘기가 있으면 해 보라고 말한다. 감독관은 벌떡 일어나서 "사실 말이죠, 저도 열심히 한 것으로 말하면 엄청나게 열심히 한 사람인데…, 제가 열심히 해도 워낙 형편없는 업체를 만나서 그렇게 된 것 아닙니까? 저도 할 만큼은 했는데…, 너무 그러지 마십시오."라고 항변한다. 그 말이 끝나자마자 옆에 있던 현장소장의 눈에 핏기가 서리기 시작한다. 현장소장은 "워낙 형편이 없다니요? 우리가 왜 형편없는 업체입니까? 같은 말이라도 '아' 다르고 '어' 다른 건데 꼭 그렇게 말해야 되겠습니까?"라는 말로 반발한다. 감독관과 현장소장의 논쟁이 시작되고 당신은 어느 쪽도 편들지 않고 가만히 지켜본다. 두 사람의 논쟁이 감독관의 판정승으로 끝나갈 즈음에 현장소장은 "저도 말이죠, 할 만큼 했단 말입니다. 공법을 선정해 달라고 감리단에 의뢰했지만 아직 결과가 안 나왔지 않습니까? 왜 나만 가지고 그러는 겁니까?"라고 말한다. 이 말을 들은 감리단장이 자리를 박차고 일어나며 "아니, 뭐라고요? 그저께 문서를 던져놓고 지금 그따위 얘기를 하면 어떻게 합니까? 어떻게 하루 이틀 만에 검토를 다 마칠 수 있겠습니까? 왜 나를 걸고 넘어지는 겁니까?"라며 분통을 터뜨린다.

너무도 많은 문제를 내포하고 있는 현장이다. 당신은 함께 간 직원에게 "시간적 여유를 갖고 세밀하게 보자"고 말하며 현장을 살피고, 각종 서류도 면밀하게 검토한다. 예상대로 너무나도 많은 문제점이 뒤엉켜 있어서 무엇이 문제인지조차 파악하기 어렵다는 생각이 든다.

이러한 현장은 지극히 저가로 투찰하여 사업을 수주한 결과, 적자를 감수하지 않으면 안 되는 현장인 경우가 많다. 본사로부터 외면을 당하는 의기소침한 현장일 수도 있고, 중요사안에 대한 발주자의 결정이 지연되어 일이 진행되지 않는 현장일 수도 있다. 이러한 현장에서는 즉시 마무리하지 않고 서로 떠넘긴 작은 문제가 해결주체를 만나지 못하고 표류하다가 다른 문제와 결합되어 훨씬 복잡한 양상으로 전개된다. 너무도 큰 문제로 비화되어 있어서 해결의 엄두가 나지 않는 그러한 상황에 직면한다.

앞에서 언급된 현장상황의 관리자를 포함하여 다양한 건설사업의 여러 경영자는 업무수행 방식에 따라 몇 가지 유형으로 구분된다.

우선 상황을 가장 암담하게 만드는 '멍부형'이 있다. 멍청하면서 부지런한 경영자를 말한다. 멍청해서 아는 것이 없는 반면, 타고난 성실성과 노력하는 자세 그리고 우직한 뚝심과 불굴의 투지로 무장된 경영자가 관리하는 현장·조직에는 어김없이 재앙이 닥친다. 지식이 부족하고 상황에 대한 이해력도 떨어지는 사람이 적극적으로 열심히 노력하면 하는 일마다 사고를 친다. 하나의 사고를 마무리하려는 순간, 또 다른 사고가 연쇄적으로 터져서 결국 조직(현장)은 쑥대밭이 된다.

멍부형에 비해 폐해가 덜한 경영자 유형은 '멍게형'이다. 멍청해서 아는 것이 없지만 게을러서 일을 벌이지 않기 때문에 사고칠 일이 없는 경영자를 말한다. '멍게형'이 운영하는 조직(현장)에서는 제2·제3의 멍게형 인물이 지속적으로 양산된다.

  가장 많은 경영자 유형은 '똑부형'이다. 똑똑해서 아는 것이 많은 경영자가 부지런하기까지 하니 얼마나 바람직한가? 전혀 그렇지 않다. 전문가 영역이 아닌 경영의 세계에서는 똑똑하고 부지런한 경영자가 적지 않은 부작용을 유발한다. 우선 아랫사람들의 사기를 저하시킨다. 지시한 지 얼마 되지 않은 사안의 검토결과를 서둘러 찾으면 "지금 검토 중인데요"라는 답변을 듣는다. 그러면 똑부형 경영자는 "내가 지시한 것이 언제인데 아직까지 검토만 하고 있는 거야? 이 사람들은 평생 검토만 하고 사나? 도대체 일을 하는 거야 안하는 거야, 우리 조직에는 왜 이렇게 쓸 만한 사람이 없어, 내가 직접 나서서 챙기지 않으면 아무 것도 되는 것이 없단 말이야, 내가 휴가를 못 간다니까"라는 짜증 섞인 말을 내 뱉으며 더욱 더 부지런히 일을 챙기기 시작한다.

  무더위가 기승을 부리는 한여름에 휴가도 가지 않고 일만 챙기는 어느 현장소장의 상황을 상상해 보자. 안타까운 마음에 당신은 현장소장에게 "휴가나 좀 다녀오시지요."라고 말한다. 현장소장은 "제가 자리를 비우면 현장은 쑥대밭이 될 겁니다. 제가 일을 직접 챙기지 않으면 안 되는 상황이다 보니 불안해서 자리를 비울 수가 없습니다."라고 답하며 다시 일에 파묻힌다. 그로부터 3개월 정도가 지난 어느 날에 당신은 업무적으로 문의할 사항이 있어서 그 현장소장에게 전화를 한다. 그런데 통화중에 현장소장의 목소리가 좀 이상하다는 느낌이 들어서 무심코 '지금 어디신가요?'라고 묻는다. 당신이 들은 내용은 그 현장소장이 과로로 쓰러져 병원에 입원 중이라는 것이다. 현장이 쑥대밭으로 변한 것이 아니라 자신의 몸이 먼저 쑥대밭이 된 것이다.

경영은 다른 사람을 움직여서 자기의 목적을 구현하는 일련의 과정이다. 다른 사람이 일을 잘 해 주면 좋겠지만 남이 나와 같지 않으니 답답함을 느끼는 것은 당연하다. 절박한 상황에서는 아마 속이 새까맣게 타들어갈 것이다. 그렇다고 다른 사람을 신뢰하지 못해서 직접 일을 챙겨야 직성이 풀린다면 조속히 경영자의 길을 포기하고 특정분야에서 완벽성을 추구하는 전문가로 성장해야 한다. 전문가처럼 일하는 방식을 고수하면서 경영자의 길을 가고자 한다면 상황을 수습하기에 앞서 본인이 먼저 망가지고 심지어는 죽을 수도 있다.

문제가 표류하며 해결주체를 만나지 못하여 심각한 상황에 이른 현장의 경영자는 똑부형일 가능성이 농후하다. 똑부형 경영자의 집단(조직)에서는 일이 잘 진행되지 않고 사고도 많다. 함께 일하는 사람들은 당연히 지겨워한다.

어려운 경제여건으로 인해 적지 않은 기업이 도산하지만 놀다가 망하는 회사는 단 한 곳도 없다. 똑똑한 사람들이 부지런히 일하다가 어려움을 겪는다. 어느 경영자는 눈물을 글썽이면서 "우리가 놀다가 망했으면 억울하지나 않죠, 이렇게 열심히 일하는데도 망가지는 것을 보면 이 나라가 엄청 잘못되고 있는 것 아닌가요?"라고 푸념을 한다. 이러한 경영자가 주도하는 기업의 문제가 진정 무엇인지 냉정하게 파악해 보면 대개 하지 말아야 할 일과 하지 않아도 될 일을 참으로 열심히 했다는 결론에 이르게 된다. 신랄하게 표현하면 망하기 직전의 회사가 가장 바쁘다. 마지막 발악은 멋있어 보이고, 꺼지기 직전의 불꽃이 가장 아름답지 않은가? 문제는 발악이 끝나고 불꽃이 꺼지면 끝이라는 것이다. 이러한 상황에 이르지 않기 위해 건설경영전략 마인드가 필요한 것이다.

바람직한 경영자 유형은 바로 '똑계형'이다. 똑똑하면서도 적당히 게으른 경영자를 뜻한다. 똑똑해서 아는 것이 많은 만큼 미래상황을 예측하여 목표와 방향을 명확히 설정한다. 일이 구체화되는 시점에서는 적당히 게으른 기질을 보이면서 직접 하지 않고 아랫사람을 불러 "내가 자네를 확실히 믿고 있는 것을 알고 있나?"라는 말로 신뢰의 마음이 담긴 메시지를 전한다. 전폭적 신뢰에 가슴 뭉클해하며 "감사합니다."라고 말하는 직원에게 똑계형 경영자는 "그래서 이 일을 자네에게 맡기는 것이니 소신껏 해 보게, 다만 내가 제시한 목표와 방향에 유념하도록 하게"라고 답한다. 부하직원이 "어떤 방식으로 추진하면 좋을까요?"라고 물으면 똑계형 경영자는 화를 벌컥 내면서 "그걸 왜 내게 묻는 거야, 자네가 창의적으로 잘할 수 있지 않나?"라고 응답한다. 부하직원은 믿어주니 고맙고, 일을 한꺼번에 다 맡겨주니 전체상황을 보면서 일을 할 수 있게 되어 재미와 보람을 함께 느낀다. 실력도 급속도로 향상되어 유능한 경영자로 성장하게 된다. 똑게형 경영자 역시 전체 업무를 시스템적으로 조망하여 방향을 명확하게 제시하는 한편, 시간적 여유를 갖고 조직의 미래를 구상할 수 있다.

똑게형 경영자가 관리하는 집단(조직)의 특성은 무엇인가? 전체 역량이 구성원 각자가 보유한 부분적 능력의 합을 훨씬 상회한다는 것이다. 집단(조직)의 가치체계(value system)가 균형적 조화를 이루면서 부가적으로 여분의 에너지가 창출되기 때문이다. 여분의 에너지는 집단(조직)의 가치체계가 조화·균형을 이루는 상황에서 비롯된다는 점에서 시스템 에너지(system energy)라고 언급하고, 이를 한마디로 줄여서 시너지(synergy)로 표현한다.

가치체계가 조화·균형을 이루면 왜 시너지효과(synergy effect)가 창출되는가? 서로의 강점이 각자의 약점을 상쇄시켜서 약점이 사라지고, 약점이 없어진 상태에서 서로의 강점이 결합하여 더 많은 강점이 생성되기 때문이다.

시너지 효과에 대한 이해를 제고하기 위해 그 반대 현상도 고려해 보자. 한 사람의 약점이 다른 사람의 강점을 무력화시켜서 강점이 사라지고, 강점이 무력화된 상태에서 서로의 약점이 만나 더 많은 약점을 지속적으로 양산하는 경우를 생각해 보자. 집단(조직)은 단시간 내에 망가지지 않겠는가? 이와 정반대의 경우가 바로 시너지가 창출되는 상황이다.

경영자는 시너지 효과를 창출하는 달인이어야 한다. 보다 많은 시너지를 생성하여 전체가 부분의 합보다 훨씬 많아지도록 하고, 그 일부를 자기 노력의 대가로 취해야 한다.

시너지 효과는 가치체계의 균형·조화를 통해서 생성된다. 이를 실현하기 갈등(value conflicts)을 효과적으로 관리해야 한다. 갈등의 본질을 규명하기 위해서는 집단역학(group dynamics)을 이해해야 한다.

【 고전에서 말하는 경영 4 】

시너지 창출의 기술 : 和而不同(화이부동)

君子和而不同 小人同而不和, (論語 子路篇)
(군자화이부동 소인동이불화, 논어 자로편)

군자는 서로 융화하지만 같아지지 않고
소인은 같아지지만 서로 융화하지 못한다.

군자는 서로 융화하되 뇌동(雷同)하지 않고, 소인은 뇌동할 뿐 서로 융화하지 못한다는 것이다. 군자는 다양성을 인정하면서 지배하려고 하지 않는 반면, 소인은 지배하려고만 하고 공존하지 못한다는 것이다. 화(和)는 다양성을 인정하는 관용과 공존의 뜻을 갖는 반면, 동(同)은 다양성을 인정하지 않고 획일적 가치만을 허용하는 지배와 흡수합병의 의미를 갖는다. 同(동)은 서로 비슷한 것들끼리 뭉쳐서 한 통속이 되는 것이고 和(화)는 이질적인 것들이 융화하는 것이다.

경영자는 끼리끼리 패거리를 짓도록 해서는 안 된다. 이질적 무리를 화해시켜야 한다. 同을 지양하고 和에 힘써야 한다.

보수성(conservatism)

사람과 관련된 마지막 주제는 보수성이다. 보수적 성향은 괘씸죄·아첨·집단역학 못지않게 집단(조직)의 행태에 적지 않은 영향을 미친다.

새로운 대안에 대한 보수적 태도는 집단(조직)의 보편적 현상이다. 심지어는 기존 방식과 다르다는 이유만으로도 강력한 반대에 부딪히기도 한다. 만연한 보수성에 어떻게 대처해야 하는가? 합리성과 논리성으로 무장하여 적극적으로 밀어붙이면 되는가? 문제는 결코 그렇게 간단하지 않다. 합리적·적극적으로 일하는 사람이 괘씸죄에 걸려 어려움을 겪기도 하고 아첨과 집단역학이 난무하는 상황에서 하루하루 사는 것조차 힘들어 하는 사람들도 적지 않다.

새로운 대안을 집단(조직)에 침투시키기 위해서는 자신의 생각을 가장 잘 이해할 수 있는 사람부터 설득해야 한다. 설득과정에서 비판을 사심 없이 받아들이고 보완하여 보다 세련된 내용으로 발전시켜 나가는 한편, 설득 대상과 범위를 점점 더 넓혀야 한다. 적어도 70% 이상의 구성원들이 "바람직한 대안이다. 한번 해볼 만한 가치가 충분하다."라고 말할 때까지 지속적으로 노력해야 한다. 왜 70% 이상인가? 50% 이상이면 충분하지 않은가? 그렇지 않다. 20% 정도는 상황이 여의치 않거나 본인에게 불리할 경우 즉시 태도를 바꾸어 버리기 때문이다.

집단(조직) 자체와 구성원 모두에게 유익한 합리적 대안의 도입이 왜 그렇게 힘든가? 집단(조직)의 내부관성(internal inertia) 때문이다. 기존의 운동 방향과 속도를 유지하려는 현상인 '물리학의 제1법칙(관성의 법칙)'에서 말하는 관성이 집단(조직)에도 존재한다. 합리성·정당성을 갖춘 대안이라도 기존 정책·방침에 반하면 결코 쉽게 받아들여지지 않는다. 위기상황의 도래와 같은 급박한 사유가 없이는 목표나 방침을 새로운 방향으로 전환시키기 어렵다. 변하지 않으면 안 되는 절박한 상황에서도 혁신적 조치에 반기를 드는 사람의 심리상태는 무엇인가? 마음속에 다음과 같은 생각을 머금고 있다.

- 현재 위치에 이르기 위해 그 동안 쏟아 부은 노력과 시간 그리고 돈이 얼마인데…, 그렇게 하면 현재 입지가 불안정해지지 않는가?
- 현재상황이 다소 불합리하기는 해도 우리는 이미 오랫동안 잘 적응해 왔고 또 익숙해져서 그럭저럭 지낼 만하지 않은가?
- 왜 자꾸만 껄끄러운 분위기를 만들어서 위화감을 조성하는가?

이러한 경향은 이미 투입해서 회수할 수 없는 '매몰비용'에 집착하는 사고(sunk cost doctrine)에서 비롯된다.

경영자는 보수성이 지배하는 현실의 중심부에서 일하는 사람이다. 제한적 재원과 시간 그리고 부족한 인력으로 시너지를 창출하기 위해서는 혁신적 대안을 수시로 도입해야 한다. 그러나 새로운 대안에 대한 발주자의 반응은 늘 탐탁지 않다. 첫 반응은 이 방법이 다른 사업에도 적용되고 있는지 여부를 묻는 것이다. 혁신적 방식이라서 아직 사용된 적은 없지만 해당사업에 적용하면 확실한 성과를 거둘 수 있다고 말하면 발주자는 왜 자신의 사업을 시범대상으로 활용하느냐고 이의를 제기한다. 다른 곳에서 효과가 입증되면 그때 적용하는 것이 좋겠다고 말한다.

설계자의 태도도 긍정적이지 않다. 물론 설계자는 정밀한 설계와 시공이 요구되는 신공법을 상세한 시방서를 첨부하고 설계에 반영할 수 있다. 그러나 설계자는 시공과정을 통제할 수 있는 권한을 갖지 못하면서도 현장에서 발생하는 문제에 연루될 가능성이 높다. 일차적으로 시공자가 문제에 대한 추궁을 받지만 도면·시방서에 따라 시공했다고 주장하기 때문이다. 결국 설계자는 힘겨운 과정을 겪으면서 자신의 정당성을 입증하지 않으면 안 된다. 따라서 설계자는 해당분야 전문가의 합의를 통해 검증된 공법을 적용하려고 할 뿐, 혁신적 대안에 부가되는 리스크를 감수하려고 하지 않는다.

시공자 입장은 어떠한가? 기존방식으로 이윤을 추구할 수 있고 경쟁력도 유지할 수 있는 현실에서 구태여 새로운 방안이 보유하고 있는 잠재적 리스크에 자신을 노출시키고 싶겠는가?

보수적 현실에서도 경영자는 성과를 창출하여 고객(발주자)을 만족시키고 감동을 얻어내야 한다. 힘든 여건에 대한 불평불만도 용납되지 않고 실패는 더욱 정당화될 수 없다. 어려운 상황에서 더 잘해야 하는 것이 바로 경영자의 운명이기 때문이다. 실패한 과학이 국가발전에 기여할 수는 있다. 그러나 잘못된 건설사업은 기존환경을 악화시키는 과오를 범할 뿐, 기여하는 것은 아무 것도 없다.

보수성이 난무하는 현실에서 변화를 시도하기에 앞서 우선적으로

해야 할 일은 저항관리 시나리오를 작성하는 것이다. 변화를 시도할 경우 특정시점에서 집단(조직)이 표출할 것으로 예상되는 저항의 내용과 강도를 사전에 파악해야 한다. 변화를 통해 혜택을 얻거나 피해를 겪는 집단(조직)의 이해관계를 고려하여 가치체계의 균형을 잡아 주어야 한다. 그리고 나서 여분의 저항을 명분과 논리로 밀어붙여야 한다.

지금까지 건설경영 시스템(상황)의 핵심적 실체인 사람의 문제를 장황하게 설명했다. 장황한 묘사의 본질을 한마디로 표현할 수는 없을까? 그 한마디는 무엇인가?

경영자로 생존·번영하기 위해서는 복잡함과 단순함 사이를 빠른 속도로 왕래할 수 있는 사고의 유연성(flexibility)을 갖춰야 한다. 핵심에서 벗어나 자질구레하게 설명하면 한 두 개의 키워드로 더 이상 할 말이 없도록 정리해야 한다. 중요한 문제를 대충 설명하고 넘어가려는 사람에게는 그 이면의 복잡·다양한 현상을 입체적으로 규명해서 깜짝 놀라게 해야 한다. 개념과 전략에서 다른 사람을 능가하지 못하면 절대로 경영리더(management leader)로 성장할 수 없기 때문이다.

이제 '사람 문제의 본질을' 한마디로 정리할 수 있는 표현을 밝혀 보자. 그 한마디는 역지사지(易地思之), 입장 바꿔 생각하는 것이다. 괘씸죄·아첨·집단역학·보수성의 문제는 상대방 입장에서 특정상황을 고려할 수 있는 지적시야의 결핍에서 비롯된다. 사람의 문제는 상대방의 가치와 자신의 입장을 공유하면 상당부분 해결되기 때문이다.

누구에게나 상식적인 이 말을 결론으로 강조하는 상황이 우스워 보일 수도 있다. 그래도 힘주어 하고 싶은 말은 "입장 바꿔 생각해 봐"라는 말의 의미를 상식적으로 알고 있는 것과 가슴으로 처절하게 느껴서 각자의 세포 하나하나에 그 의미를 각인시키는 것의 차이는 참으로 엄청나다는 것이다. 너무나도 당연한 준칙을 얼마나 오랫동안 망각하며 살아 왔는지를 다시 한 번 생각해 보아야 한다. 입장을 바꿔 생각하겠다고 다짐을 거듭하지만 급박한 상황의 긴장된 분위기에 직면하는 순간 까맣게 잊어버리는 오류를 얼마나 많이 범했는지 깊이 생각해 보아야 한다.

대학에서 강의를 하면서 450여 권에 달하는 책을 힘겹게 읽고 "입장 바꿔 생각해 봐"라는 한 마디만을 가슴 깊이 새기게 되었다고 언급한 적이 있었다. 박사과정의 한 학생이 "그 정도는 저도 잘 아는데…, 겨우 그 말 한마디 깨닫기 위해 그렇게 오랫동안 고생 하셨습니까?, 진작 저에게 물어 보시지!"라고 말하는 것이 아닌가? 그 순간 강의의 품질을 의심받고 강사로서 갖추어야 할 최소한의 권위마저 실추되는 느낌을 받았다. 권위를 회복하기 위해 필자가 그 학생에게 농담반 진담반으로 웃으면서 던진 말은 "단순하지만 그 의미를 피상적으로 알고 있는 것과 절실하게 깨달아 뇌리에 새긴 것의 차이는 엄청나다. 깊은 의미를 등한시하고 그 무거운 의미를 가볍게 여기면 학점이 어떻게 나오든 본인의 책임이라는 것을 유념하라."는 것이었다. 그 학생은 갑작스런 위협적 발언에 짐짓 놀라서 입을 다물었지만, 조금 지나자 다시 "그래도 너무 간단한 내용이잖아요, 모두가 다 아는 내용이기도 하고요..."라고 말하면서 다른 학생들의 동조가 가해지는 상황이 빚어졌다.

결국 필자는 강의내용을 너무 쉽게 전달하면 안 된다는 생각을 하게 되었다. 어렵게 표현해서 절반 정도만 이해할 수 있도록 하면 "어려운 내용을 말하는 저 분은 유식하고, 이해하지 못하는 나는 아직 부족하니 좀 더 열심히 공부해야 하겠구나."라고 생각하며 강사의 권위를 인정한다는 것도 알게 되었다. 그래서 "입장 바꿔 생각해 봐'라는 단순한 한 마디를 좀 더 어렵고 품위 있게 언급하기 위해 다음과 같이 우회적으로 표현했다.

"의사결정의 과정과 결과에 대하여 의사결정에 참여한 사람들이 서로 이해와 만족감을 공유할 수 있다면 잘 된 의사결정이고 이것이야말로 바로 의사결정의 핵심이요 본질입니다."

이러한 표현은 "입장 바꿔 생각해봐"라는 동일한 의미를 갖는다. 이해·만족감을 공유하는 것은 서로의 가치를 이해하고 입장을 바꿔 생각하는 사고방식이다. 어렵고 애매한 표현을 쓰면서 학생들의 반응도 달라지기 시작했다. 어떻게 달라졌는가?

- 공부를 많이 하신 분이라서 하는 말은 뭐가 달라도 다르다며
- 받아 적어야겠으니 다시 한 번 말해 달라고 요청했다.
- 다시 말해주니 받아 적고 나서 연신 고개를 끄덕이는 모습을 보고 무슨 뜻인지는 알겠냐고 묻자, 잘은 모르겠지만 훌륭한 내용인 것은 확실하다고 말했다.

너무 쉽게 설명하면 권위가 서지 않으므로 어렵게 표현하여 사람을 어리둥절하게 하는 것도 괜찮은 방법이기는 한 것 같다. 그러나 가수 김건모씨가 부르는 '핑계'라는 노래의 "내게 그런 핑계 대지마, **입장 바꿔 생각을 해 봐**, 니가 지금 나라면 넌 웃을 수 있니"라는 가사를 우연히 접하면서 필자는 김건모씨가 이미 의사결정의 핵심원리를 깨닫고 노랫말에 실어서 전파하고 있다는 생각을 하였다. 아울러 단순한 원리를 교묘하게 포장하여 어렵게 표현하는 필자의 태도는 공부하는 사람이 가져야 할 자세가 아니라는 판단을 하게 되었다. 이제 어디서든 당당하게 "입장 바꿔 생각해 봐"라고 말한다.

"입장 바꿔 생각해 봐"라는 상식적 한마디는 서로 이해관계를 달리하는 집단(조직)을 동시에 만족시키는 노력을 강조한다는 점에서 모든 유형의 의사결정에 공통적으로 적용될 수 있는 관점이다.

경영자는 입장을 잘 바꿔야 하는 사람이다. 발주자의 입장에서 생각하여 보다 많은 혜택을 제공해야 한다. 함께 일하는 과정에서

발주자가 당신에게 "나는 당신과 대화하며 일하다 보면 모든 문제가 그냥 한꺼번에 풀린다는 생각이 드는데…,어떻게 당신은 나에 대해서 나보다 더 잘 아는가?"라고 말했다면 당신은 최고의 경영자라고 자부할 수 있다. 설계자·시공자와 함께 업무를 진행할 때도 상대방 입장에서 생각하여 설계·시공의 과정과 결과에 대한 만족감을 공유하고 공존·공영하는 방안을 모색해야 한다. 신뢰관계를 지속하면서 "당신도 좋고 나는 너 좋고"의 결과를 도출해야 한다.

다시 한 번 강조한다. "입장 바꿔 생각해 봐"라는 한마디가 얼마나 무거운지를 깨달아야 한다고…, 훌륭한 경영자로 거듭나기 위해서는 상황에 따라 입장을 이리 저리 잘 바꾸라고…

【 고전에서 말하는 경영 5 】

압축과 요약의 기술: 한 마디로 말하면

시삼백   일언이폐지   왈 사무사   논어 위정편
詩三百 一言以蔽之 曰 思無邪 (論語 爲政篇)

시경(詩經)에 있는 시 삼백 편을 한마디로 말하면
그 생각에 사특함이 없다는 것이다.

공자(孔子)는 시경(詩經)을 한마디로 요약하기 위해 얼마나 많이 읽고 생각했을까?

경영자는 핵심을 짚어서 전체를 한마디로 요약·정리할 수 있어야 한다. 요점에 개념을 부가하여 상황에 따라 확장·변형시켜 설명할 수 있어야 한다. 그래서 경영자는 늘 많이 보고, 듣고, 읽고, 깊이 생각해야 한다.

마음속의 다짐 - 편협성의 한계 극복

 힘든 유학생활을 감내하며 읽은 450여 권의 책이 담고 있는 내용을 마음속에 각인시키면서 전문가는 경영자의 길로 들어선다. 그리고 자신의 입장과 경험만을 중시하는 전문가가 범하는 몇 가지 문제점을 다음과 같이 다시 한 번 강조한다.

 첫째, 전문성에 지나치게 몰입하면 극단적 배타성을 표출할 우려가 있다. 제한적 지식에 경험을 부가하여 축적한 해결책을 지나치게 중시하다 보면, 다른 사람이 새로운 대안을 제시해도 "이 사람아, 내가 이 분야의 전문가야, 내가 당신보다 짬밥을 먹어도 수백 그릇은 더 먹지 않았나?, 긴 말 할 것 없이 내 말대로 하란 말이야"라고 말하며 자신의 입장만을 강요하는 태도를 보인다.

 왜 자신의 생각에 대한 자긍심은 가지면서 다른 사람의 의견에 대한 존경심은 갖지 않는가? 과거에 성공적 결과를 보장해 주던 비결이 급변하는 상황에서는 실패의 길로 유인하는 악수가 될 수 있다는 것을 왜 망각하는가? 빈번하게 언급되는 "맞다·틀리다, 돼먹었다·틀려먹었다"라는 말은 각자의 가치(values)를 반영하는 주관적 의견일 뿐이지 결코 객관적 사실(facts)은 아니라는 것을 왜 간과하는가? "내 생각이 확실히 옳다, 나야말로 결코 사심이나 편견이 없는 공평무사한 사람이다."라고 확신한다면, 자신은 이미 편견의 제물이 되었다는 것을 시인하는 것과 다름없다.

둘째, 사람과 만나는 시간을 귀중한 정보를 수집하는 기회로 생각하고 폭넓은 인간관계를 구축하는 노력이 절실하다. 모든 것이 공개되는 현실에서 내가 구할 수 있는 정보나 자료는 경쟁자도 어렵지 않게 구할 수 있다. 정보는 시간이 경과하면서 여러 사람의 손을 거치고 주관적 판단이 가미되어 그 가치가 퇴색된다. 관련 분야 사람을 직접 만나 대화를 통해 주고받는 정보는 세련된 것이 아니라도 처리하기에 따라서는 공개된 정보에 비해 훨씬 더 생동감이 있는 것이다. 단편적 사실이나 정보 자체는 그다지 중요한 의미를 갖지 않을지라도 다른 정보·자료와 중첩시켜서 비교·판단하는 과정을 거치면 쪼가리 정보와 부스러기 지식의 이면에 존재하는 커다란 변화의 맥락을 읽어낼 수 있다. 특정분야의 전문지식에 파묻힌 채 편협한 인간관계를 유지하다가 심각한 문제에 봉착해서야 비로소 동분서주하고, 음성적 로비(lobby)를 통해 문제를 해결하려고 하기 보다는 일상적으로 이루어지는 인간관계를 통해 얻어지는 정보와 자료를 종합적으로 처리하여 작은 변화 이면의 큰 변화를 감지할 수 있어야 한다.

셋째, 말을 해야 할 경우와 들어야 하는 경우를 잘 구별해야 한다. "입장 바꿔 생각해 봐"라는 말은 주어진 상황에서 누가 주인공인지를 파악하여 주로 말을 할 것인지 아니면 들을 것인지를 판단하는 행위와 무관하지 않다. 대부분의 사람들은 듣는 것보다 훨씬 더 어려운 말하는 쪽을 선호하는 경향이 없지 않다.

들어야 하는 상황에서 주로 말하는 경우를 생각해 보자. 현업에서 일하다 보면 신기술 개발자나 공급자를 만나는 경우가 많다. 이들은 하나같이 첫 대면에서 명함을 건네자마자 자신의 기술이 얼마나 훌륭한지를 설명하기 시작한다. 1시간 정도의 대화에서 대개 55분 이상을 이 사람이 하는 말을 참을성 있게 들어야 한다. 잠시도 말할 틈을 주지 않기 때문이다. 이 사람은 "이 기술을 사용해 본 사람들의 평가가 대단했습니다."라고 말한다. 같이 온 일행에게 "안 그런가?" 하고 물으면 그 사람은 연신 고개를 끄덕이며 "그럼요, 정말 대단했지요."라고 답한다. 다시 자신의 화려한 경력과 기술의 우수성을 언급하기 시작한다. 결론은 "우리 기술은 너무도 훌륭한 것이므로 당신은 지금 이 기술을 반드시 채택해서 사용해야 할 역사적 사명을 띠고 이 땅에 태어났다"는 것이다.

자신이 노력해서 개발한 것을 좋지 않다고 말할 사람이 있겠는가? 당신 같으면 개발자(판매자)가 좋다고 하는 말만 믿고 기술의 검증과정도 거치지 않고 많은 돈을 들여서 도입할 수 있겠는가?

이러한 상황에서 입장 바꿔 생각하면 어떻게 행동해야 하겠는가? 가능하면 말수를 줄이고 평가주체인 상대방 이야기를 들어야 한다. "제가 오랜 기간에 걸쳐 필사적 노력을 기울인 끝에 이 기술을 개발했는데, 여러 곳에서 좋은 평가를 받고 있습니다. 사용영역을 확대하여 노력의 결실을 좀 더 확실히 거두고 싶은데 어떻게 하면 좋겠습니까?, 도와주십시오."라고 정중히 말하면 그만 아니겠는가?

왜냐하면 실질적인 답은 구매자나 사용자에게서 나오기 때문이다. 구태여 한마디 더 첨가한다면 "차제에 도움을 주시면 저도 은혜를 갚을 줄 아는 사람인데 그 고마움을 결코 잊지 않을 것입니다"라는 말 정도일 것이다.

물론 말로만 해서는 안 될 것이다. 기술의 우수성을 증명하는 객관적 자료를 제시해야 한다. 마음속에서 우러나오는 성의와 진실이 뒤따라야 한다. 사람의 마음은 민감한 악기보다 훨씬 더 섬세하다. 어느 정도 사회적 경험이 있다면 말로만 하는 것인지 아니면 진실이 담겨 있는지를 직감적으로 파악할 수 있기 때문이다.

우선 만남의 기회를 통해 우호적 분위기를 형성해야 한다. 사용영역을 확대하려면 어떤 절차가 필요한지를 듣고 어떠한 도움을 받을 수 있는지를 파악해야 한다. 상대방 능력의 한계를 초과하는 것이라면, 그 한계를 극복하기 위해 누구에게 어떤 도움을 받을 수 있는지를 알아내어 성의 있는 또 다른 만남을 시도해야 한다. 도입과 적용의 전체적 절차를 이해하여 체계적으로 접근해야 한다.

실상은 어떠한가? 다 그런 것은 아니지만 아직까지도 상당수의 사람들은 상대방의 업무영역을 초과하는 내용을 강력히 요구한다. 만족스러운 결과가 얻어지지 않으면 "당신 같은 사람이 이렇게 우수한 기술도 알아보지 못하기 때문에 우리의 현실이 이렇게 암담한 것 아니냐?"며 언성을 높이기도 한다. 우수한 기술을 도입하지 않는다고 민원을 제기하여 그렇지 않아도 바쁜 사람을 정신적·심리적으로 피곤하게 하기도 한다. 입장을 바꿔서 당신이라면 이러한 사람을 또 만나고 싶겠는가?

이제 상기에서 언급된 내용과 대비적으로 말을 해야 할 입장에 있는 사람이 듣기만 하는 경우를 생각해 보자. 업무상 특정분야의 전문가를 몇 해에 걸쳐 반복적으로 만나다 보면 어느새 10년 이상의 세월이 지나기도 한다. 그러나 만날 때마다 늘 새로운 사람이 있다. 말을 건네기 전에는 입을 굳게 다물고 있고, 친절하게 말을 걸어도 퉁명스럽고 짧은 한마디로 답변하며 고개를 돌려버려서 말을 이어가기가 무색한 경우가 많다. 물론 빈번한 접촉을 통해 상대방이 악의를 가진 것도 아니고 부정적 의도를 품고 있는 것도 아니라는 것을 잘 알고 있다. 그러나 처음 만난 당신을 이와 같이 대했다면 어떤 생각이 들겠는가?

얼마 전에 모 대사관에서 어느 외교관과 대화하면서 깊은 감명을 받았다. 아는 사람을 통해 소개받아 만난 그 사람은 인간적 매력을 느끼기에 부족함이 없었다. 행동 하나 하나에는 따뜻한 미소와 부드러우면서도 정중한 말씨 그리고 상대방 마음을 편안하게 해 주고자 하는 심리적 배려 등이 조화를 이룬 채 배어 있었다. 대화한 시간은 30분 정도에 불과했지만 10여 년 전부터 이미 알고 지낸 죽마고우와 같은 느낌을 받았다.

얼마나 대조적인가? 10년에 걸쳐 만나 온 사람은 만날 때마다 늘 새롭고, 처음 만나 30분 정도 대화한 사람은 10여 년 전부터 사귀어 온 다정한 친구처럼 느껴진다는 사실이...

심리학적 연구결과에 따르면 사람이 상대방에 대하여 갖게 되는 영구적 이미지의 대부분은 처음 만나 4분 동안 느끼는 분위기에 의해 형성된다고 한다. 첫 4분 동안에 주고받은 인상이 평생을 통해 거의 변하지 않는다는 것이다. 이때 결정된 이미지를 바꾸기 위해 엄청난 시간과 노력을 들여도 완전한 시정은 거의 불가능하다고 한다. 상대방의 가슴에 와 닿는 사람이 되기 위해서는 처음 만난 4분 동안 어떻게 연출할 것인지를 생각해 보아야 한다. 상대방을 나 자신처럼 소중히 생각하고, 그 사람의 입장에서 여건을 해석해 보는 것이 가장 바람직한 방법이 아닐까? 그러면 상대방의 이야기를 귀담아 듣게 되고, 말을 해야 할 때와 들어야 할 경우를 정확히 파악하여 사려 깊은 이야기를 주고받을 수 있지 않을까?

넷째, 상황을 단편적 시각으로 바라보고 변화를 피상적 현상으로 느끼는 습성을 배제해야 한다. 지속적으로 성공적 결과만을 거두어 온 집단(조직)에는 현 상태를 유지하려는 관성적 사고가 팽배해지면서 구성원의 활력이 서서히 저하된다. 그리고 다음과 같은 말이 난무하기 시작한다.

- 애매한 것은 피하지 그래

- 그건 당신 전공분야가 아니잖아?
- 한 번도 해본 적이 없는 일을 왜 하려고 하지?
- 옛날에 다 해본 거야
- 이론과 현실은 다른 거야
- 그것은 논리적으로 설명이 안 되는데
- 매사에 현실적이어야지
- 그래 잘났다, 네가 책임질래?
- 월급이나 타먹지 왜 그리 힘들게 살려고 그래?
- 왠지 안 될 것 같은데
- 가만히 있으면 중간이라도 가는데 왜 나서지?

그렇다면 이제 그 집단(조직)은 새로운 위기상황에 직면한 것이다. 이러한 어휘의 사용을 지양하고 새로운 개념을 의사결정에 반영하는 노력을 기울이지 않으면 어느 순간 파국을 맞이하여 시간의 저편으로 사라질 가능성이 농후하다.

【 고전에서 말하는 경영 6 】

말! 말! 말! 경청!

焉用佞? 禦人以口給 屢憎於人, (論語 公冶長)
말을 잘해서 어디에 쓴단 말이오?
말솜씨로 사람을 대하면 자주 미움이나 받는데…

다른 사람의 말을 가로막는 말솜씨는 유익하지 않다. 다른 사람의 말에 귀를 기울이지 않고 자기 말만을 늘어놓는 사람은 말을 잘 하는 것이 아니다. 상대방이 설득된 것처럼 보이지만 사실은 방어막을 치고 말을 흘려버리는 경우가 대부분이다.

적재적소에 말을 배치하여 분위기 전반에 활력을 불어 넣어야 한다. 남의 미움을 사는 말은 천한 것이다. 말은 날이 서 있는 도끼와 같은 것이다. 나무는 베지 못하고 사람에게 위해를 가하는 도끼는 날카로워도 쓸모가 없다.

진심을 다해 듣는 것이 중요하다. 지금 어떤 사업을 준비하고 있다면 우선 다른 사람의 말을 들어야 한다. 상대방이 내 사업을 어떻게 생각하는지 알기 위해서도 필요하지만 도움을 줄 사람들을 모으기 위해서도 경청이 필요하다.

제 3 장
미래 환경의 예견과 대응
- 미래에서 현재로…

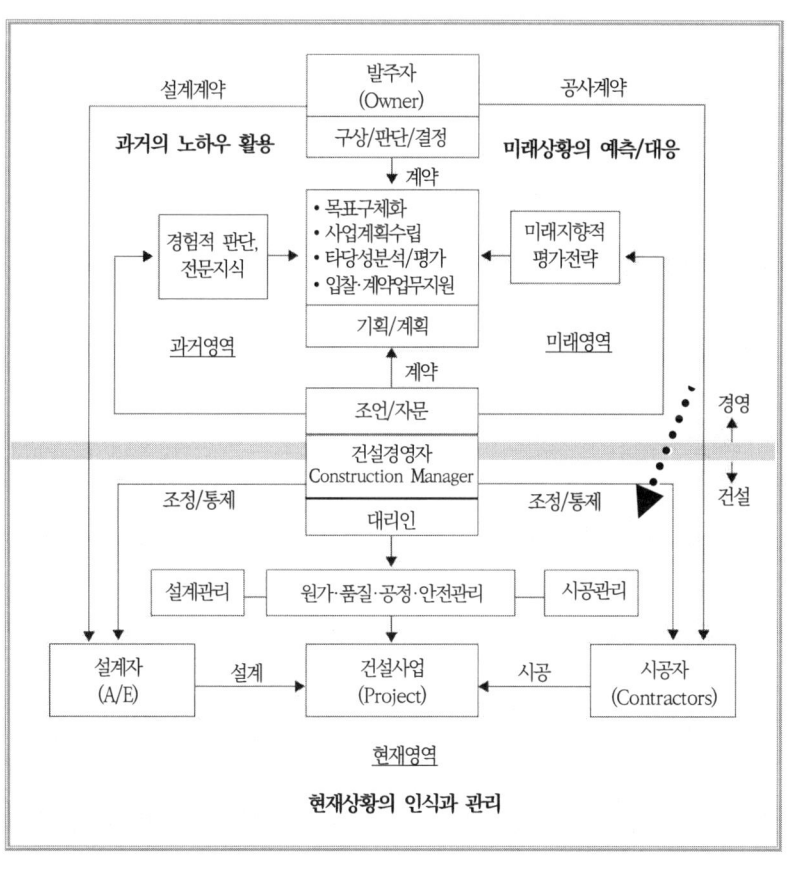

제 3 장
미래환경의 예견과 대응
- 미래환경에서 현재상황으로…

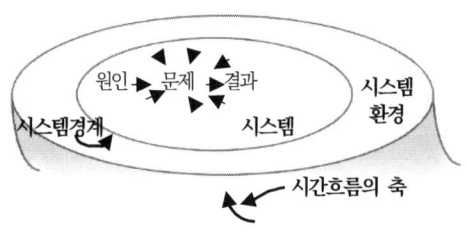

건설경영상황의 동태적 인식

앞장에서 전문성(기술)·돈·사람의 갖는 의미를 심층적으로 탐구했으니 건설사업 추진과정에서 직면하는 제반 문제를 어렵지 않게 해결할 수 있지 않겠는가? 현실은 결코 그렇게 녹녹치 않다. 기술과 돈 그리고 사람의 문제가 순차적으로 발생하지 않고 얽히고설킨 상태에서 동시다발적으로 발생하기 때문이다. 또한 상황 자체와 그 상황 속의 문제가 달라지고 기술·돈·사람 각 인자의 중요도에 대한 가중치도 시시각각 변하면서 문제의 본질이 쉽게 규명되지 않기 때문이다. 각 인자에 대한 지식이 아무리 풍부해도 암암리에 상황이 정지되어 있거나 변화의 속도가 매우 느리고 문제의 속성도 변하지 않는다고 보는 정태적(static) 관점으로는 동태적(dynamic)

변화상황에서 비롯되는 문제의 본질을 규명하기 어렵다.

　기술의 문제는 전문성으로 해결하고 돈과 사람의 지원이 따라야 한다. 돈 문제는 재원의 투입과 더불어 전문지식·사람과의 연관성을 고려해서 다루어져야 한다. 사람문제는 어떠한가? 이해관계 대립으로 인한 문제는 돈과 기술로 해결되지 않는다. 아무리 많은 이익이 보장되어도 인간적으로 싫고 정서적으로 안 맞아서 같이 일하지 못하겠다는 사람에게 기술·돈은 별개의 사안이다. 사람의 문제는 입장 바꿔 생각하여 접근하면서 기술과 돈을 고려해야 한다.

　급박한 건설상황에서는 기술·돈·사람의 각 문제를 학문적 논리를 동원하여 분석·종합할 수 있는 시간적 여유를 가질 수 없다. 기술·돈·사람의 세 가지 요소 중에서 보다 중요한 어느 한 가지에 중점을 두고 나머지 두 인자에 대해서는 보완적으로 접근해야 한다.

　문제는 상황이 변하면서 기술·돈·사람의 각 문제에 대한 중요도가 시시각각 달라지면서 상황이 다시 변화한다는 것이다. 그리고 변화하는 상황이 또 다시 각 인자에 영향을 미치는 상호작용이 지속된다는 것이다.

　정태적 상황에 동태성을 부여하는 촉매제는 무엇인가? 필자가 오랜 기간에 걸친 연구와 사색을 통해 깨달은 결론을 단도직입적으로 말하면 그것은 바로 '시간(time)'이다. 시간인자가 정태적 상황에 부가되면 상황 자체와 상황 속의 모든 요소가 변화하기 시작한다. 시간의 손길이 스치면 모두 변화한다. "모든 것은 변한다."는 사실을 제외하고는 변화하지 않는 것이 없다. 제행무상(諸行無常)이다. 그렇다면 동태적 상황에 대한 건설경영자 관점은 어떻게 달라져야 하는가?

(그림 3.1)은 앞장에 제시된 시스템(그림 2.2)에 시간인자를 반영하여 '상황의 동태적 인식(dynamic conception of the situation)' 개념을 표현한 것이다.

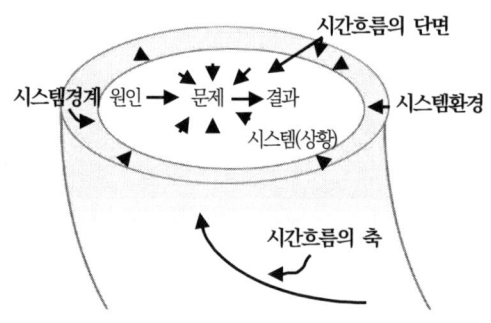

(그림 3.1) **상황의 동태적 인식**

상황은 시간흐름의 축을 따라 과거에서 현재를 거쳐 불확실한 미래를 향해 질주하며 변화를 지속한다. 변화의 속도는 과거에 비해 너무도 빨라졌고 그 성격과 규모도 불확실성으로 가득 차 있다. 수 백 년에 걸쳐 진행되던 변화가 몇 년 또는 몇 달 만에 전개되는 현실에서 긴박감과 현기증을 느끼는 이유도 공간적으로 복잡한 상황이 시간적 변화를 급격히 겪는 상황에서 비롯된다. 경영자는 당면문제를 철저히 해결해 나가면서 시간 축을 따라 미래로 나아가는 상황의 불확실성도 관리해야 한다.

(그림 3.1)은 현재상황을 나타내는 시스템을 타원형으로 표현하고 있다. 타원형 모습의 현재상황은 시간 축을 따라 이동하는 과정에서 갑자기 원형이나 세모 또는 네모의 모양으로 변할 수 있다. 소극적으로 시간흐름에 휩쓸려가다 보면 상황이 축소되어 업무영역을 상실할 수 있는 반면, 적극적 변화·변신을 거듭하여 시장을 확장시키고 새로운 기회를 창출할 수도 있다. 그러나 환경변화에 유연하게 대처하지 못하면 시스템(내부상황)과 시스템환경(외부환경)을 구분하는 시스템경계(system boundary)가 붕괴되면서 활동영역(시스템)은 외부환경과 동화되어 자취를 감추게 된다.

필자가 건설경영 공부를 하고 돌아와 국내에 전파하기 위해 주력하던 1996년 1월에 부도사태를 겪은 ○○건설을 생각해 보자. 당시 ○○건설은 자산이 부채보다 많은 건실한 회사였으나 상황을 정태적으로 인식했던 것 같다. 시간흐름의 축을 따라 진전되는 상황의 변화속도가 상당히 느리다고 판단했거나, 아예 시간을 고려하지 않고 상황이 정지해 있다고 간주했던 것 같다. 상황을 정태적(static)으로 인식하고 돈을 환금성이 떨어지는 부동산에 묻어

두었다가 동태적(dynamic) 변화를 겪으며 험악해진 상황에서 신속한 자금회전이 절실했지만 부동산에 투자했던 돈을 즉시 동원하지 못하여 현금흐름(cash - flow)의 길이 막히는 결과를 초래했다. 유동성 저하에 따른 '현금흐름의 리스크(cash - flow risk)'는 동태적 상황에서 결코 가볍게 보아서는 안 된다.

 필자는 당시 졸저「건설경영」을 막 출간한 시점이었다. 우연히 그 책을 접한 ○○경제신문 기자가 "책을 읽어보니 ○○건설이 부도가 날 수밖에 없었던 근본적 이유를 알게 되었다."면서 인터뷰를 요청했다. 흔쾌히 인터뷰에 응한 필자는 며칠 후 신문 문화면의 절반을 점유한「건설경영」관련 기사를 접할 수 있었다. 멋진 사진과 압축적이면서도 세련된 소개에 힘입어 1개월 만에 초판이 모두 팔리고 재판을 출간하게 되면서 신문기사의 위력을 절감하였다. 결코 싫지 않은 여건이었지만 그런 와중에도 필자의 마음속에는 한 가지 걱정거리가 자리를 잡고 있었다. 당시 필자는 ○○건설이 분양하는 아파트를 분양받고 기초공사가 진행되는 현장을 확인한 시점이었기 때문이다. 당시에 집을 장만한다는 기대감에 부풀어 있던 필자는 책임 시공사의 부도사태가 무척 염려스러웠다. 다행히 법정관리가 이루어진 상태에서 보증회사가 공사를 잘 마무리하여 무사히 입주했지만, 당시 필자는 책이 잘 팔리고 유명인사가 되어가는 싫지 않은 기분과 모처럼의 집 장만에 차질이 빚어질 수도 있다는 걱정이 교차하는 심리적 혼란상황을 경험했다.

【 고전에서 말하는 경영 7 】

동태적 시스템의 문학적 표현 : 천지(天地)와 광음(光陰)

夫天地者 萬物之逆旅　光陰者 百代之過客
_{부천지자 만물지역여　광음자 백대지과객}

천지는 만물이 잠시 머물다 가는 곳이고
시간은 긴 세월을 지나가는 길손이다.

春夜宴桃李園序 - 李白 -
_{춘야연도이원서　이백}

도리원에서 봄밤 연회를 열면서

천지(공간)는 만물이 잠시 묵고 가는 여관과 같고 광음자(시간)는 긴 세월을 통해 이곳을 거쳐 가는 나그네와 같다. 공간과 시간이 어우러져 동태적 상황이 형성된다. 여기서 공간은 시간이라는 길손에게 끊임없이 무대를 제공한다. 연출자는 당연히 사람이다.

이제 정태적 시스템(상황)이 변화의 촉매제인 시간과 결합되어 초래되는 변화의 실체를 규명해 보자.

먼저 **기술과 시간을 결합해 보자.** 기술은 시간흐름에 따른 변화를 겪으면서 장기적으로 존속할 수 있을지 여부의 불확실성에 직면한다. 이러한 환경적 불확실성은 특정분야 기술의 장기생존성(long - term viability)과 직결된다.

시간이 흐르면 사람들의 기호와 기대수준 그리고 요구조건이 달라지면서 기술도 진보한다. 따라서 현재기술이 미래 환경에서도 경쟁력을 유지할 수 있는지 여부를 판단해야 한다. 경쟁력의 유지가 가능하다면 그 기간은 어느 정도인지도 알아야 한다. 기술수명주기(technology life cycle)가 종료되어 더 이상 경쟁력을 유지할 수 없게 되면 수명주기를 연장시켜 계속 사용할 것인지 아니면 새로운 기술로 대체할 것인지를 고려해야 한다. 이를 위해 **장기생존성평가**(long - term viability appraisal)가 필요하다.

장기생존성의 관점에서 기술의 생태계를 조망해 보자. 신기술이 태동하여 시장에 진입하여 사용자에게 알려지면 도입이 이루어진다. 그리고 기술공급자의 후속적 노력과 시장여건이 맞아 떨어지면 기술은 성장을 지속하여 성숙기에 이른다. 성숙단계에서는 기술의 시장점유율도 확대되고 매출액도 상승될 뿐만 아니라 이익률도 제고된다. 업계의 주목을 받으면서 사람들의 부러움을 사고 칭송대상이

되기도 한다.

　유쾌한 상황이 지속되면 기술제공자는 혹독한 고생을 통해 현재에 이르게 된 자신에 대하여 뿌듯함을 느낄 것이다. 이때가 바로 새로운 위기의 시작점이다. 주변의 칭찬을 "좀 더 각성하고 노력하지 않으면 언제든지 무너질 수 있다."는 경고로 알아야 한다. 성숙단계의 다음에는 쇠퇴기가 도래하기 때문이다.

　문제는 성숙단계에서 쇠퇴의 징후를 읽었더라도 이미 늦었다는 것이다. 변화를 피부로 느끼는 순간은 이미 대처해야 하는 시기를 놓친 시점이기 때문에 쇠퇴현상을 체감하면서 무너져갈 수밖에 없다. 기술의 쇠퇴상황에 대한 대책은 성숙기 이전의 성장기에서 이루어져야 한다.

　특히 비약적 발전을 거듭하는 정보통신기술 분야에서는 기존 제품의 재고가 창고에 가득 쌓여 있어도 신제품을 개발하여 자사 기술의 판매를 스스로 저해하기도 한다. 왜 자기가 낳은 자식과 같은 기술을 희생시키는가? 스스로 희생시키지 않으면 다른 기술에 의해 파멸되기 때문이다. 기술과 더불어 그동안 공들여 쌓은 기반도 한순간에 무너져서 다시는 재기할 수 없는 상황에 이르기 때문이다.

　자기 자신의 장기생존성도 판단해 보아야 한다. 혹시 학위·자격증 또는 잘 나가는 몇 가지 기술·제품에 의존하여 미래가 보장되어 있다고 생각하지는 않는가? 이제 자신이 자랑스럽게 여기는 것들을 스스로 무너뜨려야 한다. 그렇지 않으면 변화상황의 제물이 되기 때문이다.

돈에 시간을 부가해 보자. 초기비용은 물론 시간의 경과와 더불어 다가오는 미래비용도 중요해진다. 따라서 초기투자비와 유지관리비 그리고 경제·기능 수명이 종료되는 시점의 잔존가치도 포함하는 수명주기비용(life cycle cost)을 평가기준으로 고려해야 한다.

대규모 건물(시설)의 기획·계획·설계로부터 시공과정을 거쳐 수명주기에 이르는 기간은 수십 년에서 수세기에 이른다. 경영자는 초기투자비뿐만 아니라 사용과정에서 발생하는 운영·유지비 그리고 수명주기 종료시점의 잔존가치 또는 철거·폐기 비용도 검토해야 한다. 이러한 연유로 **수명주기비용평가**(life cycle cost appraisal)가 요구된다.

수명주기비용을 절감하기 위해서는 최소노력으로 최대의 절감 효과를 기대할 수 있는 사업초기단계에 관심을 집중해야 한다. (그림 3.2)는 사업초기단계를 지나면서 비용절감기회가 급격히 감소되는 현상을 보여준다. 경영자는 초기단계의 대폭적 비용절감 기회를 간과하지 말아야 한다.

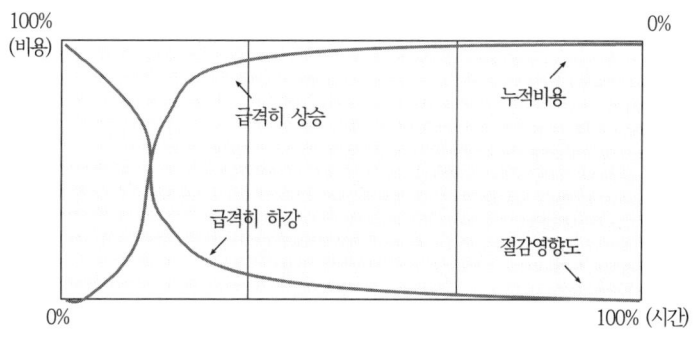

(그림 3.2) **수명주기단계별 투입비용과 절감영향도**

　기술·돈의 운용주체인 **사람과 시간을 연계시켜 보자**. 시간의 경과와 더불어 사람은 변화를 겪고 경험을 통해 배우면서 스타일·기능·기술·기호·취향·기대감을 끊임없이 바꾸어 나간다. 이와 같은 무형적 요소는 계량화할 수 없지만 건설사업의 궁극적 성능에 결정적 영향을 미친다. 경영자는 정량적 인자와 함께 무형적·정성적 요소도 의사결정에 반영해야 한다. 정량적·정성적 평가는 **성능평가** (performance appraisal)를 통해 이루어진다.

　성능의 관점에서 특정상황에 대한 상상을 전개해 보자. 당신은 서울 중심부에 건설한 사무실 건물의 임대수익으로 만족스러운 생활을 하고 있다. 투자비 회수 기간을 당초 10년으로 예상했지만 여건이 좋아서 5~6년 정도로 단축할 수 있을 것으로 판단된다.

　그러나 인접지역에 '자동화시스템(IBS : Intelligent Building

System)'을 도입한 첨단건물이 들어서면서 상황이 달라지기 시작하였다. 임대계약기간이 만료되는 즉시 입주자들은 보다 저렴한 임대료로 훨씬 높은 수준의 서비스를 제공하는 인접 건물로 사무실을 옮기는 현상이 빚어졌기 때문이었다.

보고만 있을 수 없는 당신은 전문가에게 자신의 건물에도 IBS를 도입할 수 있도록 요청했다. 전문가는 건물도면을 검토하고 나서 "설계단계에서 IBS도입을 전제로 여분의 공간을 확보했어야 하는데, 그러한 조치가 되어 있지 않아서 도입이 불가능하다."고 결론을 지었다.

이제 당신은 기존건물을 그대로 운영하면 투자비도 회수하지 못한 상태에서 공실률(空室率)이 증가하고 임대수익도 감소되는 반면, 유지관리비와 세금의 부담은 가중되어 재정적 손실이 지속되는 상황에 처해졌다. 그렇다고 철거할 수도 없는 난관에 봉착한 것이다.

시간흐름과 더불어 도래하는 변화를 반영하지 않은 건물(시설)은 수명주기가 대폭적으로 단축되어 투자비 효과를 조기에 상실한다. 건설사업 추진과정의 상황과 도입되는 기술·제품·장비 그리고 최종적 산물인 건물(시설)은 살아 숨 쉬는 유기체와 다르지 않다. 지속적으로 향상되는 사용자 요구조건과 더불어 진화하는 정치·경제·사회·문화 여건을 유연하게 흡수하지 못하면 더 이상 존속할 수 없기 때문이다. 변화를 수용할 수 있는 유연성(flexibility)을 상실한 결과 건물(시설)의 수명주기가 종료되는 상황은 환경변화에 적응하지 못하여 일찍 죽음을 맞는 생물체의 모습과 같지 않은가?

끝으로 기술·돈·사람이 공존하며 상호작용하는 **시스템(상황) 자체에 시간을 반영해 보자.** 시스템(상황)도 기술·돈·사람과 상호작용하면서 지속적 변화를 거듭한다. 어떠한 변화가 도래할지 정확히는 알 수 없기 때문에 경영자는 수많은 종류의 불확실성에 직면한다. 미래에 대한 지식이 불완전한 상황에서도 경영자는 매 순간의 행동을 통해 보이지 않는 미래를 창조하듯이 일해야 한다. 시간은 돈이기 때문이다. 이러한 상황에서 대처하기 위해 경영자는 불확실성을 유발하는 다양한 인자를 광범위하게 식별하고 체계적으로 분석하여 전략적으로 대응할 수 있는 전략을 구사하지 않으면 안 된다. **리스크 관리(risk management)** 전략이 필수적이다.

리스크에는 건설사고 등으로 모습을 드러내는 물리적 리스크(physical risk) 외에도 경제적 리스크(economic risk), 재정적 리스크(financial risk), 환경적 리스크(environmental risk), 법적·제도적 리스크(legal risk), 사회적 리스크(social risk), 정치적 리스크(political risk) 등이 있다.

해외시장을 공략하기 위해서도 리스크 관리는 필수적이다. 정치·경제·사회·문화면에서 우리와 판이하게 다른 시장 자체가 진입장벽

(entry barrier)으로 작용하는 현실에 더하여 각 나라는 의도적으로 장벽을 더 높이고 있다. 진입장벽(entry barrier)을 넘어 해외 시장에 진입하는 기업은 시장리스크(market risk)에 직면한다.

리스크 관리의 첫 단계는 '리스크 식별(risk identification)'이다. 리스크 식별은 특정상황에서 출현하는 광범위한 리스크를 식별하여 체계적으로 분류하는 작업이다. 유사상황에서 발생한 리스크를 조사·분석하고 자신의 경험과 지식을 적극 활용하는 것은 물론 관련 분야 전문가의 의견도 수렴하여 리스크 유발 인자를 체계적으로 파악하는 과정이다.

리스크 식별에 이어 리스크 분석(risk analysis)이 전개된다. 리스크 분석은 리스크 발생으로 초래되는 인적·물적 자원의 손실을 계량적으로 측정하는 방법이다. 리스크의 빈도와 여파를 확률로 표현하는 확률분석모델(probability analysis model)과 리스크 결과에 대한 특정인자의 민감도를 파악하는 감도분석모델(sensitivity analysis model)이 주로 사용된다.

리스크 분석으로 리스크 발생에 따른 결과적 영향도를 정량적으로 파악한 이후에는 리스크 대응(risk response) 방안을 강구해야 한다. 가장 소극적 대응은 리스크를 회피하는 것(risk avoidance)이다. 이익확보나 기회확대 등의 긍정적 효과는 기대하기 어려운 반면, 상대적으로 너무 큰 리스크가 잠재된 사업의 수행을 포기하는 것이다. 사업을 포기하면 리스크에 내재되어 있는 기회도 함께 사라진다.

사업수행을 전제로 하면서 사전준비를 통해 리스크를 감소시킬 수 있다(risk reduction). 안전관리를 철저히 하여 사고·붕괴 등의 물리적 리스크(physical risk)를 미연에 방지하는 방안이다.

예상되는 리스크를 다른 집단이나 조직에 전가시키는 방안도 있다(risk transfer). 사업계약단계에서 우월적 지위를 이용하여 리스크에 대한 책임을 상대가 부담하도록 계약조건에 명시하고, 위험사업은 미리 보험에 가입하여 리스크 발생에 따른 직·간접적 피해로부터 자신과 조직을 보호하는 방법을 고려할 수 있다.

리스크를 보유하고 사업을 수행할 수도 있다(risk retention). 리스크 보유는 상황에 대한 이해와 사전대비 없이 '설마 괜찮겠지' 하는 막연한 생각으로 밀어붙이는 주먹구구식 접근과 전혀 다른 것이다. 리스크 상황을 충분히 알고 사업을 진행하는 것이다. 특정 리스크의 발생 가능성이 희박하고, 발생해도 그 부정적 여파에 대처할 수 있는 자체 역량이 있다는 것을 알고 추진하는 것이다.

경영자는 건설사업 추진과정에서 상기 네 가지 대응전략 모두를 동시에 활용해야 한다.

지금까지 언급한 내용을 요약·정리하면 다음과 같다.

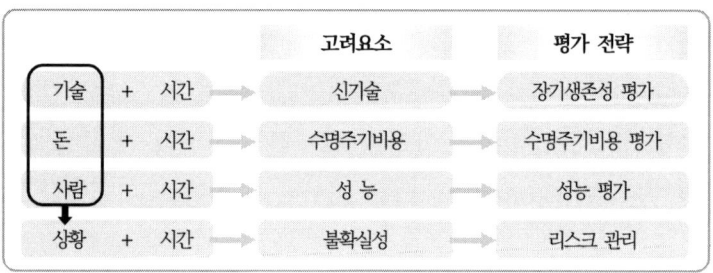

상기 전략을 숙지하기 위해 전혀 새로운 공부를 다시 해야 하는가? 그렇지 않다. 기존 업무에 변화개념을 반영하여 확장하면 상기 영역을 식별할 수 있다.

시간인자는 모든 상황에 차별 없이 부여되어 실체를 변화시킨다. 시간은 모든 영역에서 우리의 삶과 직결되는 핵심요소다. 건설사업 추진과정에서 공사단계의 시간만을 관리하는 공정관리에서 벗어나 시간관리(time mamagement)의 관점에서 사업 전 과정의 변화를 다룰 수 있어야 한다.

비용관리의 중요성은 아무리 강조해도 지나침이 없다. 초기비용만을 고려하지 말고 시간의 경과와 더불어 다가오는 미래비용도 포함하는 수명주기비용을 관리해야 한다.

품질관리는 어떠한가? 품질은 성능으로 격상되어야 한다. 품질이 일정수준 이상의 기술적 조건을 충족시키는 것이라면 성능은 품질이 충족된 상태에서 사람이 느끼는 주관적 만족감도 포함하는 것이다. 냉방기가 일정 온도 이하로 바람의 온도를 유지시키면 일단 품질은 확보된 것이다. 성능요건을 충족시키기 위해서는 온도뿐만 아니라 습도·소음·디자인 등도 고려해야 한다.

인적·물적 자원의 손실을 방지하기 위한 안전관리도 중요한 영역이다. 안전관리는 물리적 리스크를 주로 다룬다. 물리적 리스크는 물론 재정적·경제적·환경적·정치적·사회적·법적·제도적 리스크와 더불어 시장 리스크도 함께 다루어야 한다.

【 고전에서 말하는 경영 8 】
변화경영 : 변통(變通)과 통변(通辯)

변통(變通)은 변화에 대처하는 것이다. 통변(通辯)은 변통이치를 통달하여 변화를 주도하는 것으로 일류 경영자만이 할 수 있다.

일류 경영자는 미래가 어떻게 변할 것인지를 알고 자신과 조직에게 유리한 방향으로 변화를 주도한다.
이류 경영자는 변화하는 상황에 적응을 한다. 상황이 변화하기 시작하면 기회를 놓치지 않고 자신과 조직을 변화시킨다.
삼류 경영자는 다른 사람(조직)의 뒤를 따라 변화한다. 상황이 변했기 때문에 따라서 변화하는 것이다.

미래 환경에 대응하기 위해 상황변화를 주도하는 것이 경영자의 최고역량이다. 이를 통변지위사(通辯之謂事)라고 말한다.

전략적 건설경영자 - 시·공간적 상황의 중심

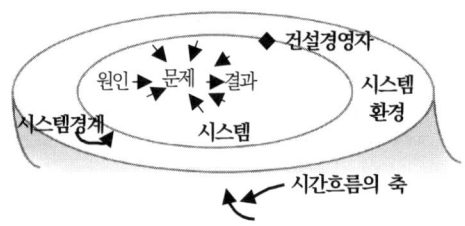

　복잡한 내부상황이 외부환경의 지속적 영향을 받으며 시간 축을 따라 빠른 속도로 이동하는 동태적 건설경영 시스템을 경영자가 공략할 수 있는 대안을 검토해 보자.

　첫째, 시스템(상황)의 내부로 진입하여 당면문제를 직접 해결하는 방안을 모색할 수 있다. 이렇게 하면 문제와 너무 가까워져서 진정한 문제를 문제로 인식하지 못할 수 있다. 문제가 아닌 것을 문제로 오해하고 시간과 재원 그리고 노력을 헛되이 소모할 우려가 있다. 문제를 정확히 인식했어도 급속히 진행되는 변화를 인식하지 못하여 결과적으로는 잘못된 대안을 추구할 가능성이 높다.

　이렇게 실무자적 속성을 보이는 경영자는 늘 열심히 노력하지만 주변 사람의 의욕과 사기를 저하시킬 뿐 문제의 근원을 파헤치지 못한다. 전쟁에 비유하면 사력을 다하여 국지전에서는 승리해도 전술과 전략의 부재로 인해 궁극적으로는 철저히 패배하는 양상과 다르지 않다.

둘째는 시스템 환경(외부환경)에서 시스템(상황)을 외부자적 시각으로 조망하여 해결대안을 강구할 수 있다. 이러한 컨설턴트형 (consultant type) 경영자는 내부상황의 깊숙한 곳에서 전개되는 미묘한 문제를 파악하지 못한다. 눈에 보이지는 않지만 궁극적으로 결과에 결정적 영향을 미치는 음성적 측면을 인지하지 못한다. 변화 상황에서는 중요한 문제가 확연히 드러나지 않기 때문에 논리적으로는 그럴 듯해도 실질적 효과는 없는 대안의 제시에 그치는 경우가 많다.

경영자는 시스템(상황) 안으로 들어가 자리를 잡아도 안 되고 시스템 환경(외부환경)의 어느 영역에 위치하는 것도 바람직하지 않다. 그렇다면 동태적 시스템에서 경영자가 자리매김해야 하는 곳은 어디인가?

시스템(상황)을 파악하는 동시에 외부환경의 변화도 감지할 수 있는 위치를 잡아야 한다. '시스템 경계(system boundary)'에 자리를 잡아야 한다. (그림 3.3)은 경영자가 시스템 경계(그림 3.3의 C위치)에 있는 모습을 표현한 것이다.

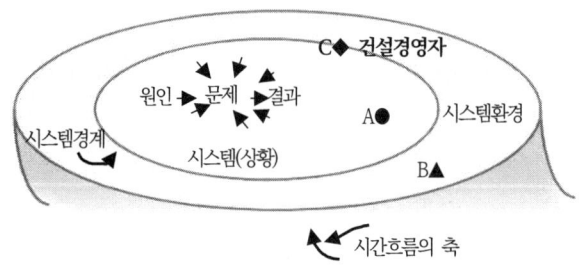

(그림 3.3) **동태적 시스템의 건설경영자**

　경영자가 시스템(A위치)이나 시스템 환경(B위치)에 속하지 않고 시스템 경계(C위치)에서 위상을 확보해야 하는 이유는 무엇인가? 시스템 환경(외부환경)과 시스템(상황)을 동시에 조망하지 않으면 안 되기 때문이다.

　내부 상황에 지나치게 몰입하여 외부환경 변화를 인식하지 못하는 실무자형의 결점을 극복하고, 객관적 접근에만 치중하여 내부상황의 미묘한 흐름을 파악하지 못하는 컨설턴트형의 한계를 뛰어넘기 위해서다.

　흐르는 강물의 밖에서 물의 속도나 온도를 측정하는 것이 아니고, 물속으로 잠수하는 것도 아니다. 물에 몸을 담그고 있지만 머리는 물 밖으로 내놓아야 한다. 온 몸으로 물 흐름을 느끼면서 자신이 의도한 방향으로 나아가고 있는지 여부를 판단해야 한다. 목표와 어긋나는 방향으로 흘러간다면 사력을 다하여 방향을 수정해야 한다.

다른 예를 들어 보자. 굴곡이 심한 시골길을 달리는 버스 안에서 멀미를 하지 않는 두 부류의 사람은 누구인가? 운전자와 깊은 잠에 빠진 사람이 아니겠는가? 운전자는 버스가 어느 쪽으로 쏠리는지를 미리 알고 균형을 유지하기 때문에 멀미를 겪지 않는다. 따라서 운전자는 변화를 알고 대처하는 능변자(能變者)로 볼 수 있다. 깊은 잠에 빠져 있는 사람은 버스와 혼연일체가 되었기 때문에 멀미를 느끼지 않는다. 버스의 좌우회전에 대처하지 못하는 나머지 사람들은 봉변(逢變)을 겪는다. 봉변(逢變)은 변화에 적절히 대처하지 못하여 겪는 고통스러운 현상이다. 봉변을 당하지 않으려면 변화에 능동적으로 대처하거나 변화와 혼연일체가 되어야 한다. 경영자는 잠든 사람이 취하는 수동적 자세를 지양하고 운전자처럼 상황변화를 적극적으로 파악하여 능동적으로 대처하는 사람이다.

(그림 3.3)의 C위치(시스템경계)에서 시스템과 시스템 환경의 상호작용을 고려하여 시스템의 조화·균형을 추구하면서 변화를 주도하는 주체를 필자는 '전략적 건설경영자'라고 명명한다. 아울러 전략적 건설경영의 의미를 동태적 시스템의 관점에서 다음과 제시한다.

전략적 건설경영은 건설상황(situation)이라는 조직화된 공간

(organized space)에서 서로 이해관계를 달리하는 사람들(people)이 시간(time) 흐름과 더불어 상호작용(interaction)하면서 자원(기술·돈)을 투입하여 조직화된 공간 또는 다른 공간을 변화시키는 동태적 과정(dynamic process)이다. 따라서 전략적 건설경영의 구성요소는

1) 시스템 환경의 영향을 받아 지속적으로 변화하는 건설상황, 즉 시스템으로서의 조직화된 영역
2) 그 영역에서 목표를 구현하기 위해 노력하는 인간
3) 목표구현을 위해 투입되는 자원(기술·돈)
4) 시스템을 변화시키는 촉매제로서의 시간이다.

결국 경영자는 시·공간적 건설상황에서 참여집단(조직)의 갈등을 관리하면서 자원을 운용하여 사업목표를 달성하는 사람이다.

같은 맥락에서 '전략'의 의미를 파악해 보자. 전략은 시스템 경계에 위치한 경영자가

1) 시간흐름의 축을 따라 나아가면서 미래 환경을 예견하여 목표를 설정·수정하고
2) 목표달성에 필요한 역량과 내부적 보유능력의 격차를 인식하고
3) 그 격차를 극복하기 인적·물적 자원을 효과적으로 활용하는 일련의 과정을 말한다.

전략적 건설경영자의 역할을 보다 구체적으로 파악해 보자. 가장 기본적인 것은 시스템(상황)의 관리자 역할이다. 일상적으로 발생되는 문제는 그다지 복잡하지도 않고 해결과정에서 많은 시간이 걸리지도 않는다. 그러나 그때그때 철저히 해결하지 않으면 문제가 누적되어 큰 문제로 비화된다. 그렇다고 당면문제만 해결하는 소극적 관리에 머물러서는 안 된다. 문제의 인과관계를 규명하여 상황의 속성을 파악해야 한다. 현재상황이 앞으로 어떻게 전개될 것인지를 예견하기 위해 외부환경 변화도 인식해야 한다. 즉 문제와 관련된 영역 전체를 한꺼번에 조망할 수 있는 지적시야를 확보하여 공간적으로 보다 넓게 보아야 한다. 문제해결과정에서 자신의 경험은 물론 다른 사람의 전문지식도 도입하여 효과적으로 활용해야 한다.

또 한 가지는 창조자 역할이다. 변화를 예견하기 위해 시간적으로 보다 먼 미래를 볼 수 있는 시력을 확보해야 한다. 시간흐름에 따라 전개되는 시스템 환경 변화를 수용해야한다. 더 나아가서는 자신과 집단(조직)에 유리해지도록 선제적으로 시스템의 변화를 주도해야 한다.

이해관계를 달리하는 집단(조직)의 부분적 요구와 시스템 전체의 이익이 충돌하여 빚어지는 갈등·마찰은 관리자·창조자 역할로 해결되지 않는다. 이러한 경우 전체 시스템의 관점에서 하위 시스템의 구성원을 설득하여 부분적 요구를 양보 받아야 한다. 또한 시간적으로 단기이익과 중·장기 혜택이 상충하는 현실에서 눈앞의 이익을 포기하지 않으면 안 되는 상황이 발생하기도 한다. 이 때 단기이익에 연연하는 사람의 가슴이 울렁거리게 하는 장밋빛 비전과 시나리오를 제시하고 눈앞의 이해관계를 양보 받아야 한다. 이와 같이 시스템 내부의 갈등과 대립을 조정하여 전체적 일관성과 활력을 확보하는 중차대한 역할은 경영자의 리더(leader) 기능이다. 리더(leader)의 말과 행동에서는 희생과 양보의 가치관이 우러나와야 한다. 강제되지 않은 상태에서 희생과 양보를 감수하는 대신 사랑과 존경을 받아야 한다. 그렇지 않고는 이러한 역할을 수행할 수 없기 때문이다.

전략적 건설경영자의 세 가지 역할에 대한 중요성을 이해하기 위해 각 역할이 없거나 부족한 경우에 초래되는 결과를 생각해 보자.

창조자의 역할이 없거나 부족하면 시스템(상황)은 시스템 환경의 변화를 수용하지 못해 외부로부터의 죽음을 맞는다. 반면, 리더(leader) 역할이 미비하면 내부갈등과 분열을 조정하지 못하여 시스템이 와해된다. 내부로부터의 죽음을 초래하는 것이다. 불변의 진실은 외부에서 찾아오는 죽음이든 내부에서 싹트는 죽음이건 죽음에 이르기는 매일반이라는 것이다.

창조자와 리더의 기능이 발휘되지 못하는 상황에서 관리자 역할은 무슨 의미를 갖는가? 아무런 의미도 없다. 시스템 자체가 붕괴되는 현실에서 당면문제를 완벽하게 처리하려는 노력이 무슨 의미를 가질 수 있겠는가?

결국 소극적 관리자 역할에만 집착하는 경영자는 바쁜 일상 업무 속에서 어느 날 갑자기 죽음을 맞는다. 문제는 관리자 자신이 죽어야 하는 이유도 모르면서 갑자기 죽는다는 것이다. 더 황당한 일은 자신이 죽어 있는지 살아 있는지조차도 깨닫지 못한다는 것이다. 자기 앞의 업무를 철저하게 마무리하면서 바쁘게 열심히 일한다고 해서 꼭 필요한 사람이라고 단정해서는 안 된다. 사람은 있으면 있는 대로 써먹기 마련이다. 열심히 노력해서 하는 일이 시스템의 목표에 부합하지 않으면 노력할수록 더 빨리 망한다. 시스템의 생존을 관리하는 전략경영자의 시각으로 보면, 우리 주변에는 이미 죽은 지 오래 된 사람이 죽었다는 사실을 깨닫지 못하고, 여기 저기 바쁘게 다니면서 이일 저일 간섭하는 경우가 적지 않다.

필자는 늘 두려움을 느낀다. 관리자·창조자·리더의 세 가지 역할의 어느 수준에 있느냐는 질문이 두렵기 때문이다. 제대로 된 관리자에도 이르지 못한 필자가 창조자·리더의 역할까지 언급하고 있다는 사실에 심한 가책을 느끼기 때문이다. 변명을 위한 변명을 한다면 아직 멀었지만 부족함을 자각하고 능력과 자질을 갖추기 위해 지금도 노력을 게을리 하지 않는다는 것이다.

【 고전에서 말하는 경영 9 】

전략경영자 : 시·공간적 상황의 중심인물

天時不如地利 地利不如人和, (孟子 公孫丑)
하늘의 때는 땅의 이로움만 못하고
땅의 이로움은 사람의 화합만 못하다.

승패를 결정하는 요인은 하늘의 때(시간적 변화)와 땅의 이로움(공간적 상황) 그리고 인화(인간적 노력)의 세 가지다.

천시(天時)를 얻어 적을 에워싸고 공격을 해도 이기지 못하는 이유는 천시가 지리(地利)만 못하기 때문이다.
성이 높고 못이 깊고 병기와 갑옷이 갖춰지고 군량이 충분해도 성을 버리고 도망가는 이유는 지리가 인화(人和)만 못하기 때문이다.
지리가 충족된 요새도 정신적 단결이 없으면 지키지 못한다.

동태적 경영현실에서 시간적 변화와 공간적 상황의 균형을 추구하며 인간적 노력을 기울여야 하는 전략경영자의 역할이 중요한 것은 이러한 사유에서 비롯된다.

시스템(상황) 변화의 개념과 원리

경영자가 변화를 읽고 해석하기 위해서는 다음과 같은 몇 가지 개념을 이해할 필요가 있다.

상황인식 : 상황(狀況, situation)은 일이 전개되는 과정·현상·결과를 말한다. 상황인식(狀況認識, perception of situation)은 논리적 근거와 기준에 따라 특정상황과 다른 상황의 차이를 판정하는 과정이다. 다른 상황과의 차이를 알면 그 본질이 명확해지면서 외부환경과의 관계도 확연히 드러난다. 현재상황은 공간적으로 외부환경의 부분이고 시간적으로는 이전 상황의 결과이면서 이후 상황의 원인이 된다.

공간·시간과 변화 : 공간은 사물이 들어설 수 있는 곳으로 거리가 존재하는 것이다. 시간은 변화과정의 수리적 척도다. 시간은 과거에서 미래로 흐르고 시간흐름의 반대방향이 과거다. 현재는 과거와 미래가 공존하는 시점이고 결코 멈추지 않는다. 시간이 미래로 흐르기 때문에 현재도 끊임없이 미래를 향해 나아간다.

시간과 관련된 핵심은 변화다. 변화의 척도가 시간이고 시간은 곧 변화다. 시간이 없으면 공간도 존재할 수 없고 공간 없다면 시간도 있을 수 없다. 시간과 공간은 불가분의 관계를 형성하고 있다.

특정상황에서 시간과 공간은 통합된다. 시간은 특정 공간의 시간이고 공간은 특정 시점의 공간이다. 공간 없이는 시간이 작용할 수 없고 시간이 없으면 공간도 유지될 수 없다. 시간은 공간을 유지시키고 공간은 시간에게 변화의 장(場)을 제공한다.

시간은 이성(理性)으로 인식할 수 있을 뿐이고 감각적으로는 느낄 수 없다. 상황변화를 통해서만 시간을 인식할 수 있다. 상황변화의 배후에 시간이 존재한다. 공간적 상황은 시간적 변화가 전개되는 무대가 된다.

변화의 양방향성 : 시간은 과거에서 현재를 거쳐 미래로 흐른다. 그러나 결정된 미래가 과거를 향해 진행하는 역인과(逆因果) 현상도 존재한다. 결정적 미래가 현재 상황에 영향을 미친다는 역인과는 과거 원인이 현재 결과를 유발한다는 인과관계에만 익숙한 우리에게 충격적일 수 있다.

변화를 읽기 위해서는 과거가 흘러와서 현재가 되고 현재가 흘러가서 미래에 이른다는 수동적 과거시(過去時) 현상과 더불어 미래가 몰려와서 현재가 되고 현재가 다시 과거로 진행한다는 적극적 미래시(未來時)의 관점도 유지해야 한다.

경영자는 한 순간도 과거·현재·미래의 시간 축에서 벗어날 수 없다. 경영상황에는 과거·미래의 두 가지 시간차원만 존재한다.

현재는 인식하는 순간 이미 지나갔거나 아직 오지 않은 상태이기 때문이다. 현재는 과거이면서 미래이고 과거도 아니고 미래도 아니다. 현재는 과거와 미래를 결합하는 시간적 경계다.

과거와 미래 그리고 과거·미래의 동시현상인 현재가 어우러진 상황에서 시간흐름의 양방향성을 설명하면 다음과 같다.8)

과거에서 미래로 흐르는 시간의 방향을 표현하면 (그림 3.4)와 같다. 이러한 시간의 개념을 과거시(過去時)라고 한다.

```
   A    A'      I      B'     B
   --------→---------●---------→----------
   과거        경영자         미래
```

(그림 3.4) 과거시 : 과거에서 미래로 흐르는 시간

시간이 이렇게 한쪽으로만 흐르면 (그림 3.4)에서 시간 B'는 오직 B를 향해서만 진행하기 때문에 경영자는 미래를 인식할 수 없다. 미래를 인식하기 위해서는 시간 B'가 A방향으로 흘러와서 경영자의 의식과 만나야 한다. 이러한 관점이 미래시(未來時)이다. (그림 3.5)는 미래시의 개념을 표현한 것이다.

---

8) 송재국, 송재국 교수의 주역풀이, 예문서원, 2000.

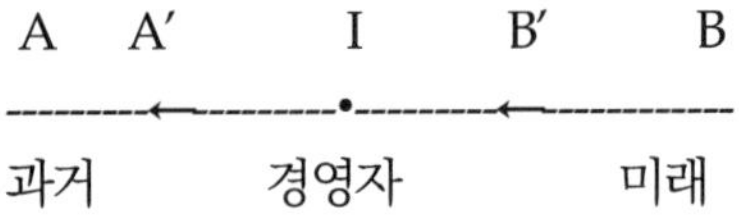

```
A    A'      I      B'     B
----------←--------•--------←-----------
과거       경영자          미래
```

(그림 3.5) **미래시 : 미래에서 과거로 흐르는 시간**

과거시는 물리적 변화(시설물과 그 부품의 노화 등) 현상의 근거로서 과거에서 미래로 진행한다. 미래시는 상황변화를 의식적으로 이해하는 인지적 개념으로 미래에서 과거로 향한다. 과거시는 공간적 변화를 통해 경험하고 미래시는 인식적으로 감지하는 감춰진 시간이다. 과거시·미래시를 동시에 표현하면 (그림 3.6)과 같다.

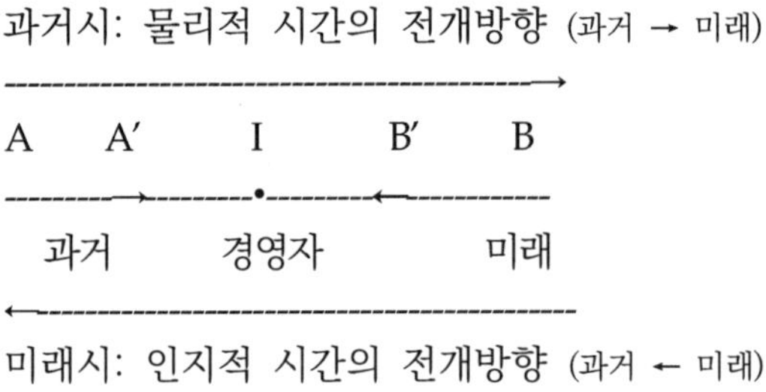

```
과거시: 물리적 시간의 전개방향 (과거 → 미래)
───────────────────────────────────→
A      A'         I        B'       B
--------→--------•--------←-----------
과거       경영자          미래
←───────────────────────────────────
미래시: 인지적 시간의 전개방향 (과거 ← 미래)
```

(그림 3.6) **과거시와 미래시 : 시간흐름의 양방향**

이러한 상황에서 경영자는 과거를 해석하고 미래를 예견하는 전략적 주체가 된다. (그림 3.7)은 이러한 개념을 정리한 것이다.

(그림 3.7) **과거적·미래적 경영자**

변화의 전개 : 변화는 내부 상황에서 비롯되는가 아니면 외부환경에서 찾아오는가? 외부환경에서 내부 상황으로 침투한다. 내부 상황은 나무가 자라듯이 여건의 성장과 성숙에 의한 자체구현의 결과다. 변화는 외부환경에 포함된 미래의 특성이 내부 상황으로 잠입하여 이루어지는 내·외부적 상호작용의 결과다.

또한 변화는 불균형이 증가하는 쪽으로 치닫는다. 자연현상은 시간의 경과와 더불어 균형을 향하지만 인간사회에서는 불균형이 가속된다. 인간사회에서는 부자는 더 부유해지고 가난한 사람은 더욱 궁핍해 진다. 스포츠 경기도 균형이 무너지는 순간 어느 한 쪽이 일방적으로 유리해진다. 이러한 현상은 시간이 흐르면서 무질서의 정도가 증가한다는 엔트로피법칙으로 설명된다.[9]

---

9) 엔트로피(entropy)는 물질이 질서상태에서 무질서 상황으로 전개되는 현상을 설명하는 열역학적 용어다. 엔트로피가 높을수록 무질서한 상태이고 낮을수록 질서가 있는 상황이다. 세월이 흐르면서 높은 탑이 무너지는 현상도 엔트로피 법칙에 기인한다. 엔트로피 원리는 사회적 현상이나 사람의 정신세계에도 적용된다. 사람은 가만히 있으면 무질서 상태로 빠져들고 싶은 충동에 사로잡히는 '심리적 엔트로피'를 겪게 된다. 자기향상 노력이 없으면 중력이 사물을 아래로 끌어당기듯이 엔트로피의 힘이 사람을 끌어내린다. 본능과 욕심이 자극을 받으면서 저급한 가치관의 유혹을 받는다.

시간흐름은 균형을 파괴하는 쪽으로 진행하면서 현재 상황을 소멸시킨다. 현재상황은 균형이 파괴되는 과정에서 유지되는 일시적 상태다. 시간흐름의 빠르기가 변화속도이고, 변화과정의 균형적 정지상태가 현재상황이다. 상황은 '정지→변화→정지→변화'의 연속적 과정을 겪는다. 정지는 균형이 유지되는 시간이다. 정지가 없으면 변화속도가 무한대로 증가하여 상황은 존재할 수 없다. 상황은 현재의 균형에서 더 나은 균형을 향해 나아간다. 이것이 시간흐름이고 변화과정이다.

상황변화 : 변화는 시간적 미래에서 공간적 외부환경으로 찾아온다. 이어서 현재 상황에 침투하여 일정시간 동안 머물다가 결국은 과거로 사라진다. 현재상황은 균형의 침몰과정에서 잠시 머물러 있는 일시적 현상이다.

내부 상황은 과거가 시간흐름의 축을 따라 흘러와 조성된 것이다. 외부환경은 미래가 몰려와서 현재시점에 형성된 영역이다. 외부환경이 내포하거 있는 미래 특성이 내부 상황으로 침투하여 과거 요소와 만나 상호작용하면서 변화가 진행된다.

상황변화는 미래와 과거가 만나고 외부환경과 내부 상황이 충돌하여 빚어지는 상호작용 현상이다. 시·공간적 상호작용이 곧 변화인 것이다. 상호작용을 통해 내부 상황은 외부환경의 자극을 받고 외부환경 또한 내부 상황의 영향을 받는다.

이러한 과정을 정리하여 동태적 시스템의 변화과정을 표현하면 (그림 3.8)과 같다.

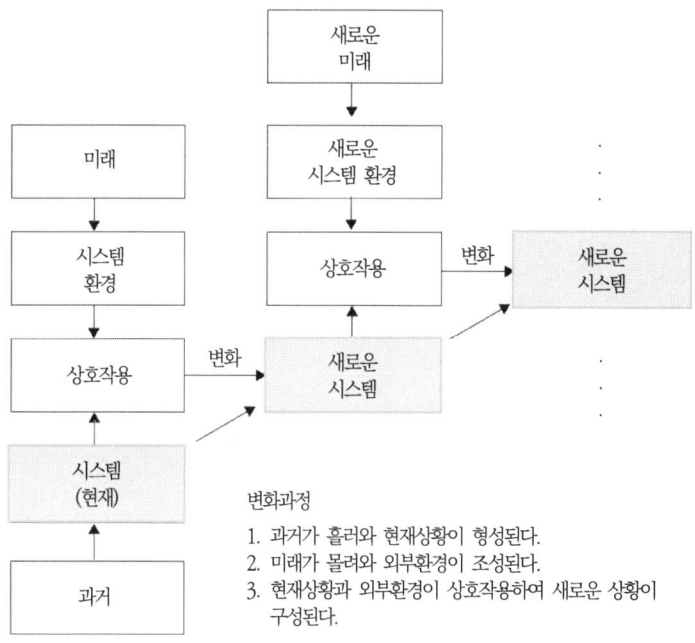

(그림 3.8) **시스템(상황) 변화의 과정**

【 고전에서 말하는 경영 10 】

변화의 의미

周易 繫辭傳에서 말하는 변화의 의미는 다음과 같다.

一陰一陽之謂道
한번 음(陰)하고 한번 양(陽)하는 것을 도(道)라고 한다.

상반된 두 요소가 상호 교체되는 것이 사물의 본성이고 변화이다. 해가 지면 달이 뜨고 여름이 가면 겨울이 오듯이 상반된 것이 서로 번갈아 들고 보충하면서 변화가 진행된다.

剛柔相推而生變化
강유가 서로 밀어 변화가 생긴다.

음양(陰陽)이 추상적 개념이라면 강유(剛柔)는 물질세계의 현상이다. 강(剛)은 양(陽)이고 유(柔)는 음(陰)이다. 모순은 서로 밀고 부딪히는 것, 즉 탕(盪)하는 것이다. 모순되는 것이 마찰하여 많은 현상을 유발한다. 모든 상황과 실체는 이 원칙에서 벗어나지 않는다.

變化者進退之象也
나아가고 물러서고 하는 것이 곧 변화이다.

진보하지 않으면 퇴보할 뿐 중간에 머무르는 것은 없다. 양이 조금이라도 더 많으면 양이 성장하면서 음이 퇴조하고, 음이 약간이라도 많으면 음이 성장하고 양이 퇴조한다. 변화는 일진일퇴(一進一退)의 동태적 현상이며 음양이 성장·퇴조하는 과정이다.

변화 예견의 단서 : 징후·징조, 트렌드

징후·징조 : 급격한 변화현상을 연구하는 카오스(chaos) 이론에 의하면 아주 작은 요인이 큰 변화를 유발시킬 수 있다고 한다. 서울에 있는 나비의 작은 날개 짓이 제주도에 태풍을 일으킬 수도 있다는 것이다. 카오스 상황과 같이 불확실한 여건에서 큰 변화를 내포하고 있는 작은 사안이 징후(徵候)이고, 징후와 실제상황을 연결시키는 학문이 징후론(symptomatology)이다. 카오스 이론이 미세현상의 이면에 잠재되어 있는 큰 변화를 추적하는 것이라면 징후론은 작은 조짐에서 향후에 실제로 전개될 수 있는 미래상황을 예견하는 것이라는 점에서 이 두 가지 이론은 유사하다.

'징조(徵兆)'로 언급되기도 하는 '징후'라는 용어는 주로 의학 분야에서 사용되어 왔다. 수많은 요소가 상호작용하는 상황에서는 모든 사안이 반드시 유기적으로 서로 연관되어 있다. 징후는 여러 사안이 연관성을 갖는 상황에서 발생하는 작은 사안으로 우연처럼 보이는 조직적 현상이다.

징후는 상황의 일부분으로서 상황파악의 근거가 된다. 자동차 사고 현장에서 발견된 작은 부품 조각만으로도 전문가는 사고를 유발한 차종을 즉시 판단할 수 있지 않은가?

징후는 시간적 연결 구조의 일부이기 때문에 현재의 부분적 현상으로 미래에 전개될 전체상황을 파악하는 근거가 된다. 징후는 향후 발생될 큰 사안의 꼬리와 같아서 시간이 지나면 결국 전체모습을 드러낸다. 현실에서 이러한 현상은 수시로 발생한다.

대형사고가 발생하기 전에는 징후가 나타난다. 2008년에 중국의 쓰촨성(四川省)에서 지진이 일어나기에 앞서 두꺼비 수십만 마리가 집단으로 이동했다. 동면(冬眠)을 하던 뱀이 무더기로 기어 나왔고 쥐가 떼를 지어 움직였다. 저수지 바닥이 갈라지면서 물이 모두 사라졌고 하늘에는 특이한 형태의 구름이 끼었다. 비둘기들이 기이한 소리를 내며 공중을 맴돌았다. 지진의 징후였던 것으로 사료된다.

미국 해군장교 출신의 보험감독관이었던 하인리히(Heinrich)는 보험사에 접수되는 사건을 분석하여 한 번의 사고 발생에 앞서 29번의 경미한 사고가 생기고, 사고로 이어질 수 있는 경우가 300회 정도 스쳐간다는 '하인리히 법칙(Heinrich's law)'을 내놓았다. 하인리히 법칙에 의하면 특정상황을 유지하는 시스템이 붕괴되기 전에 반드시 징후가 나타난다고 한다. 시스템이 건강할 때는 내부적 동요와 외부충격을 흡수할 수 있지만 전반적으로 부실해진 임계상황에서는 작은 충격만으로도 시스템이 붕괴될 수 있다는 것이다10).

---

10) 인도의 정신적 지도자 간디는 국가쇠퇴징후로 다음 7가지를 제시한다.
    1. 원칙을 무시하는 정치   2. 무위도식하는 부유층의 급증
    3. 쾌락이 만연하는 사회   4. 인성이 무시되는 교육
    5. 희생이 없는 종교   6. 도덕성이 결여된 사회풍조
    7. 인간성이 고갈된 과학
이 시대를 살아가는 우리가 유념해야 할 사항이다.

징후가 변화예견의 단서가 될 수 있는 이유는 다음과 같다.

- 공간적 연관성 : 부분과 전체는 구조적으로 분리될 수 없다.
- 시간적 연계성 : 과거·현재·미래는 독립적으로 존재할 수 없다.
- 인간적 관련성 : 모든 사안은 사람과 절대적 관련성을 갖는다. 사람이 곧 징후의 집합체이기 때문이다.

징후는 우연처럼 보인다. 우연은 징후가 아니지만 징후는 우연이다. 징후는 자연스럽지 않고 유별나서 마치 누가 지어낸 것 같다. '왜, 하필?'이라는 의문이 제기되는 것이다. 우연 이상의 것으로 미래의 변화와 연관되어 있기 때문에 징후를 체계적으로 식별·분석하면 미래 변화를 예견할 수 있다.

트렌드(trend) : 징후에서 트렌드(trend)를 읽어내는 능력이 전략적 사고의 핵심이다. 트렌드는 경향·방향·움직임·추세·조류 등의 의미를 내포한다. 이전과는 다른 경향과 방향성이고 과거·현재·미래의 특성을 복합적으로 갖기 때문에 변화를 유발한다. 징후를 통해 포착되는 트렌드는 포괄적 변화를 일으키면서 대개 5년 이상의 긴 주기를 유지한다. 트렌드와 달리 유행은 돌발적 현상으로 일시적 호기심에서 비롯된 것이다. 유행은 긴 주기를 갖지 못하고 다양한 영역에서 펼쳐지는 포괄성도 결여하고 있으며 필연적 변화를 초래하지도 않는다. 유행을 통해서는 향후상황을 예측하려고 하지 말고 기미가 보이는 순간 재빨리 치고 빠져야 한다.

변화현상의 구조적 특성 : 프랙탈(fractal)

상황에서 표출되는 미세현상이나 조짐으로 변화를 예견할 수 있는 근거가 바로 프랙탈(fractal) 이론이다.11) 프랙탈은 '파편'이라는 뜻의 라틴어인 'fractus'에서 비롯되었다. 프랙탈은 1975년 IBM의 연구원이며 하버드 대학교의 객원교수였던 망델브로(Mandelbrot)가 자기동일성을 유지하는 복잡한 도형에 붙인 용어로 전체와 부분이 닮아 있는 구조를 말한다. 자연계의 모든 현상은 프랙탈 관점에 따라 부분으로 전체를 파악할 수 있다. 그러한 현상은 형태뿐만 아니라 의미도 프랙탈 특성을 보인다.

나무 아래의 작은 잎을 보고 꼭대기의 큰 잎사귀의 모양을 알 수 있는 이유는 작은 잎이 큰 잎사귀의 특성을 축소된 형태로 반영하고 있기 때문이다. "하나를 보면 열을 안다"고 말하지 않는가? 한의학에서는 몸의 표면에 있는 경혈로 인체를 진단한다. 프랙탈 관점에서 몸 전체의 의미가 인체 표면에 반영되어 있기 때문이다. 손과 발 그리고 귀도 인체의 축소판으로서 몸 전체와 연관되어 있다.12) 경험이 풍부한 한의사는 환자의 손이나 얼굴을 보고 신체의 특정 부위나 장기(臟器)의 상태를 파악할 수 있지 않은가?

---

11) 프랙탈은 부분이 전체와 비슷한 모습으로 반복되는 구조를 말한다. 프랙탈의 특징은 자기유사성과 순환성이다. 그 예로 나뭇가지 모양, 혈관분포 형태, 창문에 성애가 자라는 모습, 산맥이나 리아스식 해안의 형상, 우주의 은하계 분포 양상 등을 들 수 있다. 세상 모든 것이 프랙탈 구조라고 말할 수 있다.
12) 사람의 손 모습은 몸매를 닮았고, 귀는 얼굴 형태와 유사한 모양을 갖는다.

시간적 프랙탈도 생각해 보자. 지금 주변에서 보이는 징후적 사안은 앞으로 발생할 수 있는 큰 변화의 특성을 축소된 형태로 반영하고 있다. "될성부른 나무는 떡잎부터 알아본다."는 말도 이러한 연유에서 비롯된 것이다. 사주명리학도 시간적 프랙탈의 원리에 따라 우리의 삶에서 가장 중요한 사건이 출생이라는 관점에서 출생시점(년월일시)이 인생 전체의 여정에서 겪는 변화의 특성을 상당부분 반영한다는 시간적 프랙탈의 개념에 근거한다.

수상(手相)·관상(觀相)도 손과 얼굴 모습이 특정인의 삶이 갖는 시·공간적 특성을 반영한다는 프랙탈 원리를 활용하는 것이다.

이와 같이 부분이 전체를 반영한다는 관점은 불교경전인 화엄경(華嚴經)에서 말하는 "개체 속에 전체가 있고 전체 속에 개체가 들어 있다.(一卽多 多卽一)"는 개념과 맥락을 같이 한다.

【 고전에서 말하는 경영 11 】

미래를 예견하는 안목

履霜 堅冰至 (周易 重地坤 第一爻)
_{이상 견빙지   주역 중지곤 제일효}

서리를 밟으니 얼음이 꽁꽁 어는 시기에 이른다.

서리는 늦가을에 내리기 시작하고 얼음은 한 겨울에 언다. 서리를 밟는 시점과 얼음이 꽁꽁 어는 한 겨울 사이에는 의도적인 시간의 비약이 존재한다. 어떤 의미가 함축되어 있을까?

서리가 밟히기 시작하면서 한기가 강해지고 얼음이 어는 겨울에 이르는 과정은 시간적 비약이 있기는 해도 필연적 현상이다. 서리가 밟히면 3~4개월 후에 대지가 얼어붙는다는 것은 누구든지 예견할 수 있다.

경영자는 눈앞의 상황에서 조짐과 징후를 읽어 미래상황을 예견하고 대처해야 한다. 큰일도 미세한 것에서부터 생겨난다. 미세한 것을 미리 잘 다스리면 힘은 적게 들고 공은 커지나 일이 커진 이후에 대처하면 온 힘을 쏟아도 해결하기 어렵다.

건설경영자의 창조성 - 시스템 환경 변화 대응

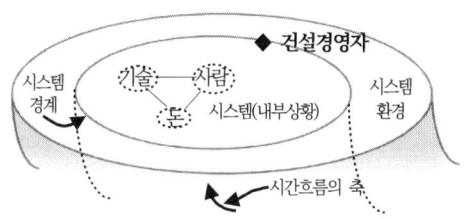

건설사업 추진과정의 동태적 변화상황에서 경영자는 현재상황의 관리를 뛰어 넘어 미래 변화에도 대응해야 한다. 관리와 경영의 차이는 무엇인가? 이미 형성되어 있는 틀 안에서 효율적으로 운영하는 소극적 개념이 관리라면 경영은 변화하는 상황에서 더 이상 경쟁력을 갖지 못하는 기존의 틀을 파괴하고 창조적으로 재구축하는 적극적 의미를 갖는다. 이제 관리자의 자세를 유지하면서 경영역량을 창의성 영역으로 확장하기 위해 요구되는 개념을 탐색해 보자.

이를 위해 필자는 생존부등식의 원리와 힘의 우회축적이론 그리고 운의 확률적 개념 등을 재해석하여 건설경영전략과 접목시킨다.13)

---

13) 윤석철, Principia Managementa, 경문사, 1991.

우선 제품의 공급자와 소비자 사이에 존재하는 생존부등식 원리를 우리나라의 핵심적 건설 실체인 아파트를 건설하여 분양하는 과정을 통해 규명해 보자.

경영의 세계는 주고받음을 토대로 형성된다. 시공자는 입주자가 원하는 아파트를 제공하고 정당한 대가를 받아야 한다. 공사비 원가(cost)에 합리적 수준의 이익을 얹은 금액으로 분양가(price)를 책정해야 한다. 일시적으로는 손해를 감수할 수도 있겠지만 그러한 일이 반복되면 시공자는 자기 유지력을 상실하여 도산될 수밖에 없다.

예를 들어 땅값을 포함한 공사원가가 평당 2,000만 원이고 분양가가 평당 3,000만 원이라면 다음 부등식을 만족시킨다.

분양가(price) > 공사원가(cost)

예) (3,000만 원/평) > (2,000만 원/평)

상기 부등식은 시공자가 생존하기 위해 만족시켜야 하는 필요조건이다. 부등식의 좌변(P:price)과 우변(C:cost)의 차액은 시공자 이익(PP:producer's profit)으로 다음과 같이 표현된다.

분양가(price) - 공사원가(cost) = 시공자 이익(pp)

예) 3,000만 원/평 - 2,000만 원/평 = 1,000만 원/평

이익(1,000만 원/평)은 시공자가 확대 재생산을 통해 입주자에게 더 나은 서비스를 제공하고 소속직원에게 더 나은 처우를 해주는 한편 국가에 세금을 낼 수 있도록 하는 힘의 원천이다.

입주자 입장을 고려해 보자. 입주자는 아파트 가치(V:value)가 분양가(C:cost)보다 클 것을 원한다. 예를 들어 시공자가 평당 3,000만 원에 분양하는 아파트의 모델하우스를 둘러본 입주자가 "이 아파트 분양가는 평당 3,000만 원이지만 다른 시공자가 평당 4,000만 원에 분양하는 아파트 가치와 다를 바 없다."고 말한다면, 그 아파트 가치는 평당 4,000만 원이 된다. 즉 입주자가 느끼기에 다음과 같은 조건이 충족된다.

아파트가치(V) > 분양가(P)

예) 4,000만 원/평 > 3,000만 원/평

상기 부등식의 좌변(V)에서 우변(P)을 뺀 차액은 입주자 혜택(CB:consumer's benefit)이 된다. 즉,

입주자혜택(CB) = 아파트가치(V) - 분양가(P)

가 된다. 혜택은 아파트를 구입한 입주자에게 시공자가 기여하는 공헌이다. 이익이라는 말 대신 혜택이라는 용어를 사용하는 이유는 아파트 가치가 용도·기능은 물론 심리·정서적 만족과 같은 무형적 요소도 포함하기 때문이다. 입주자 혜택을 수치로 환산하여 계량화하기는 어렵지만 계량적 크기가 존재하지 않는 것은 아니다.

   앞에서 언급된 두 개의 부등식을 동시에 만족시키는 것이 시공자와 입주자가 주고받으며 공존할 수 있는 이상적 대안이다. 두 식을 결합하면 다음과 같다.

아파트가치(V) > 분양가(P) > 공사원가(C)

예) 4,000만 원/평 > 3,000만 원/평 > 2,000만 원/평

   상기 조건을 만족시키지 못하는 시공자는 생존할 수 없다. 부등식의 어느 한쪽 부등호라도 반대방향으로 바뀌는 날이 바로 시공자의 제삿날이 되기 때문이다. 이러한 연유로 상기 관계식은 생존부등식으로 언급된다.

생존부등식을 만족시키는 일은 결코 쉽지 않다. 만족시킬 수 있더라도 어떻게 만족시키는가에 따라 결과에 적지 않은 차이가 생긴다. 생존부등식을 만족시키는 과정은 불확실성으로 가득 차 있다. 일시적으로 만족스럽던 조건이 시간이 지나면서 불만족스러워질 수도 있다. 직원들의 사기가 저하되거나 파업이 발생하여 생산성이 떨어지기도 한다. 경쟁이 심화되고 아파트에 대한 선호도가 바뀌면서 물량이 모자랄 정도로 잘 분양되던 아파트가 미분양 사태를 맞기도 한다.

이러한 원인을 규명하기 위해 먼저 우측 부등식부터 분석해 보자. '분양가(P)>공사원가(C)'의 조건에서 시공자는 보다 많은 이익을 얻기 위해 부등식의 좌변에서 우변을 뺀 값, 즉

$$분양가(P) - 공사원가(C) = 시공자\ 이익(PP)$$

을 가능한 한 크게 해야 한다. 시공자 이익을 높이는 가장 간단한 비결은 분양가(P)를 높여서 (P - C)의 값을 크게 하는 것이다. 그러나 분양가를 높이면 분양가와 가치가 같아지는 상황(V = P)을 지나서 결국은 분양가가 아파트 가치를 상회하게 되어 생존부등식 좌변의 부등호 방향이 바뀌는 현상(V<P)을 초래한다. 이와 같이 분양가가 가치를 상회하면 아파트는 상품으로서 더 이상 경쟁력을

갖지 못하여 순조로운 분양을 기대할 수 없게 된다. 따라서 분양가를 무한정 올릴 수만은 없기 때문에 '공사원가(C)를 줄이는 (cost - down)' 대안을 생각할 수밖에 없다.

원가절감을 위해서는 생산성(productivity)을 향상시켜야 한다. 우리나라 건설산업은 생산성 향상으로 국가경제에 적지 않은 기여를 해왔다. 중동 건설시장의 열풍 속에서 1인 3역을 하며 외화를 벌어들인 덕택에 80년대 초반의 두 차례에 걸친 오일쇼크를 극복할 수 있었다. 국내적으로도 열악한 공사여건에서 예정된 공기를 맞추기 위해 잔업과 강행공사(強行工事)도 마다하지 않았다.

이제 생존부등식 좌변 '아파트 가치(V) > 분양가(P)'을 살펴보자. 아파트가 분양되려면 입주자에게 분양가보다 더 높은 가치를 갖는 아파트를 제공해야 한다. 즉

아파트가치(V) - 분양가(P) = 입주자 혜택(CB)

을 최대한 크게 해야 한다. 입주자 혜택을 크게 하는 우선적 방법은 분양가(P)를 낮춰서 (V - P)의 값을 키우는 것이다. 이렇게 하면 분양가가 낮아지면서 '분양가와 공사원가가 같아지는 상황(P = C)' 을 지나 결국 '분양가가 공가원가보다 작아지는 상황(P > C)'을 초래한다. 일시적으로는 이렇게 할 수 있지만 이러한 상황이 지속

되면 시공자는 더 이상 이익을 내지 못하고 결국 도산할 수밖에 없다. '경영의 세계'에서 이러한 상황이 지속될 수는 없다. 따라서 가치를 향상 '(value - improvement)' 시키는 대안을 모색할 수밖에 없다.

결국 시공자가 취할 수 있는 대안은 원가절감 또는 가치향상이다. 가격은 시장여건이나 경쟁상황에 따라 '보이지 않는 손(invisible hands)'에 의해 정해지므로 시공자가 인위적으로 통제할 수 없다.

원가절감은 생산성 증가의 노력을 통해 이루어질 수 있지만 가치향상은 다수의 인력이 열심히 일한다고 해서 얻어지는 것이 아니다. 창조적 사고로 무장된 소수 엘리트에 의해 실현되는 것이기 때문이다. 생산성이 업무추진의 효율성(efficiency)을 추구하는 것이라면 창조성은 투입에 대한 산출결과를 중시하는 효과성(effectiveness) 영역에 속하는 것이다.

지금까지 언급한 내용을 표현하면 (그림 3.9)와 같다.

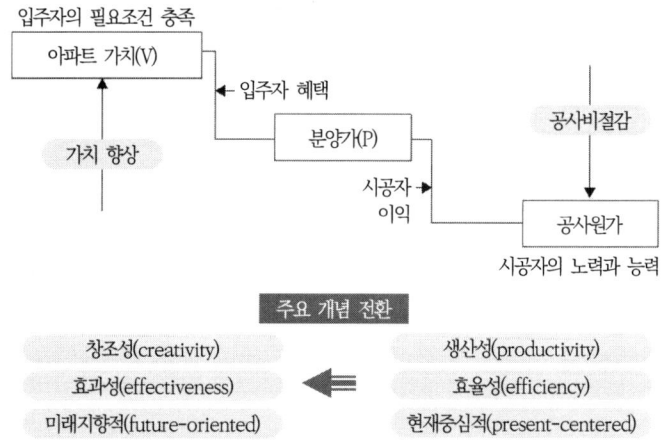

(그림 3.9) **생존부등식의 개념정리**

(그림 3.9)에서 창조성을 강조했지만 생산성의 중요성을 간과하는 것은 아니다. 생산성을 근간으로 하는 창조성을 강조한 것이다. 왜냐하면 아파트를 짓기만 하면 어렵지 않게 분양되던 과거와 달리 이제는 어떠한 아파트가 잘 분양될 것인지를 알고 그에 맞춰서 건설해야 하는 상황이기 때문이다.

이미 오래 전에 건설경영 패러다임은 생산성에서 창조성으로 전환되었다. 어느 분야에서든 중간만 하면 먹고 사는데 별 지장이 없다는 생각은 더 이상 통용되지 않은지 오래되었다. 창조성이 주도하는 상황에서는 업무영역이 다양한 분야로 세분화되지만 각 분야에서 1등이 아니면 살아남을 수 없다. 그러나 특성화된 자기 영역을 확보할 수만 있다면 1등하기 위해 다른 사람을 딛고 올라서는 무차별적 경쟁에서 벗어날 수 있다. 자기 영역에서 1등을 하면서 다른 분야와 조화를 이루어 나갈 수 있다.

창조성의 세계에서 가장 절실한 것은 작은 변화 이면의 큰 변화를 읽어내는 능력이다. '끓는 물속의 개구리' 우화를 통해서 그 이유를 생각해 보자.

개구리를 펄펄 끓는 물속에 갑자기 집어넣으면 바로 뛰쳐나온다. 죽을 줄 알면서 그대로 있겠는가? 개구리를 적당한 온도의 물속에 넣고 서서히 열을 가하면 그대로 있다. 적당한 온도로 목욕하는 모습이 좋지 않은가? 온도를 서서히 높여도 나오지 않는다. 사우나를 즐긴다고 볼 수도 있다. '조금 지나면 괜찮아지겠지'라고 생각하며 참고 견디는 것일 수도 있다. 뜨거워서 도저히 더 이상 견딜 수 없는 상황에 이르러서야 뛰쳐나오려고 애써 보지만 이미 때가 늦어 기진맥진한 상태에서 죽음을 맞게 된다.

위기는 작은 징후를 보이며 서서히 다가온다. 위기를 경고하는 소수 엘리트는 비판적이고 부정적인 사람으로 인식된다. 불리한 전망에는 귀를 기울이고 싶지 않은 것이 사람의 일반적 성향이기 때문이다. 물이 펄펄 끓는 위기상황에 직면해서야 동분서주하지만 그때는 이미 늦었다는 것을 절감한다.

사람이나 기업도 끓는 물속의 개구리 행태를 보이기 쉽다. 위기가 서서히 다가오고 있지만 당장 견딜 만하면 근본대책을 세우기보다는 현상을 유지하며 버텨보려고 한다. 허리띠를 졸라매고 방어적 자세를 취하며 버티면 경쟁자가 서서히 탈락하고 위기도 지나갈 수 있다. 그러나 위기의 본질이 일시적 현상이 아니라 구조적 변화에 기인한 경우는 버틸 때까지 버티다가 더 이상 안 되겠다고 느낄 때 이미 위기에 대처할 수 있는 기본체력을 상실한 상태가 된다. 남는 것은 시시각각 엄습해오는 죽음을 기다리는 일 뿐이 아니겠는가?

이러한 상황에서 가장 절실한 것은 '필요의 진공(vacuum of needs)'을 파악하여 충족시키는 노력이다. 필요의 진공은 특정 상황에서 반드시 필요하지만 충족되지 않아 불편을 야기하는 부분이다. 필요의 진공은 지속적인 변화의 산물이다. 필요의 진공은 '나 여기 있소'라고 말하며 스스로의 실체를 보여주지 않는다. 충족되지 못한 필요로 인해 불편을 느끼는 우리 자신조차도 무엇이 필요한지를 정확히 표현하지 못한다. 하물며 불특정 다수의 필요를 파악하여 제품·서비스를 개발하는 일은 얼마나 어렵겠는가? 끊임없이 마음을 갈고 닦아 감수성(sensitivity)을 향상시켜 나가는 사람만이 필요의 진공을 신속히 파악하여 그 형상에 맞춰 나갈 수 있다. 필요의 진공은 내 발에 맞지 않는다는 이유로 마음대로 거부할 수 있는 구두와 같은 것이 아니다. 구두에 발을 맞추기 위해 날선 칼로 자신의 발을 도려내야 하는 비정한 작업이 바로 필요의 진공을 충족시키는 일이다.

필요의 진공을 찾는 것은 다양한 분야에서 특성화된 자기영역을 확보하는 일이다. 소품종 다량생산을 다품종 소량생산으로 전환시켜서 고객의 요구조건에 부합하는 서비스를 창출하는 과정이다. 필요의 진공을 어떻게 찾을 수 있는가? 필자가 고심하여 정립한 일반원칙이 있다.

첫째, 현재상황이 미래에는 어떻게 전개될 것인지에 대하여 끊임없는 상상을 거듭해야 한다. 폭넓은 독서를 통해 정보를 획득하고 관련 분야 전문가와 지속적으로 소통하여 향후의 추세를 파악해야 한다. 그리고 앞으로 가장 필요한 업무영역이 무엇인지를 탐색해야 한다.

둘째, 탐색한 영역 중에서 다른 사람들이 먼저 시작한 부분은 배제시켜야 한다. 남보다 늦게 시작하여 1등을 하기는 어렵기 때문이다. 1등을 할 수 없는 일에는 단돈 1원도 단 1분의 시간도 투자해서는 안 된다.

우리나라 도처에 '박수'가 들끓고 있다. '박수'는 '박사학위를 가진 백수'를 말한다. 매년 어김없이 국내 각 대학의 인재들이 박사학위를 받는다. 해외 유수 대학에서도 적지 않은 인력이 박사학위를 받고 귀국한다. 그러나 이들에 대한 대학·연구소 등의 수요는 제한적이어서 고급인력의 실업문제는 오래 전부터 심각하게 인식되어 왔다. 박사학위를 갖고도 전공에 맞는 직업을 구하지 못하여 궁핍한 생활을 하는 사람들이 얼마나 많은가? 몇 년 전 통계에 따르면 우리나라의 석사학위 이상 소유자는 113만여 명에 이르지만 시장수요는 24만 명에 불과하다고 한다.

이들은 대체 무슨 잘못을 했는가? 공부를 열심히 하지 않았는가? 머리가 남보다 나쁜가? 열심히 노력하지 않거나 머리가 나쁜 사람이 어떻게 박사학위를 받을 수 있겠는가? 잘못이 있다면 이미 다른 사람이 잘하고 있는 분야를 공부했다는 것이다. 필요의 진공을 파악하여 방향을 설정하지 않고 무조건 열심히 했기 때문이다. 노력하는 것도 중요하지만 필요의 진공을 파악하는 것이 훨씬 더 중요하다.

세 번째로 할 일은 다른 사람이 이미 잘하고 있는 분야를 제외하고 남은 몇 가지 중에서 자신의 성장과정, 교육배경, 업무경험, 성격과 개성, 친구 및 가족 관계 등의 제반사항을 종합적으로 고려하여 좋아하면서고 잘할 수 있는 분야를 찾는 것이다. 좋아하기는 하지만 잘 할 자신이 없거나 잘 할 수 있어도 좀처럼 재미를 느끼지 못하는 일은 재고해야 한다. "이것만큼은 누구보다도 더 좋아해서 즐길 수 있고, 또 더 잘 할 수 있다."고 확신할 수 있는 분야를 선정해야 한다.

마지막으로 할 일은 최종적으로 선정한 분야에서 성장·발전하기 위해 신명을 다해 유쾌하게 노력하는 것이다. 좋아하기 때문에 열심히 하여 성과를 내기 시작하면 더 재밌어서 더욱 더 노력하지 않겠는가? 이와 같이 선순환의 고리가 연결되어 일과 놀이가 구분되지 않는 상황이 되면 당연히 팔자도 좋은 방향으로 바뀌지 않겠는가?

【 고전에서 말하는 경영 12 】

지기식세(知機識勢)

지기(知機)는 사소한 낌새를 알아채는 것이다. 식세(識勢)는 상황변화를 파악하는 것이다. 시세의 흐름과 세력의 변동을 파악하는 것이다. 세(勢)라는 말은 기세(氣勢), 위세(威勢), 권세(權勢), 시세(時勢), 정세(情勢), 실세(實勢)와 같이 표현된다. 흐름과 분위기이고 보이는 것이 아니어서 느껴서 간파해야 한다.

기세(氣勢)에 눌려 기죽어서도 안 되지만 기세(氣勢)를 휘두르며 호기를 부려서도 안 된다. 위세(威勢)에 눌려서 아부하면 안 되지만 위세(威勢)를 무시하고 객기를 부려도 안 된다. 권세(權勢)를 두려워할 필요도 없지만 외면할 이유도 없다. 기세(氣勢)에 휩싸이면 자신을 잃고 위세(威勢)를 무시하면 화를 당하며 권세(權勢)를 외면하면 고립되기 때문이다.

시세(時勢)를 타지 못해도 안 되고 정세(情勢)를 착각해서도 안 된다. 실세(實勢)를 무시해도 안 되지만 실세를 몰라서도 안 된다. 시세(時勢)에 휘둘리면 뜻을 잃고 정세(情勢)를 착각하면 실수를 범하고 실세(實勢)를 모르면 공을 이루지 못한다. 낌새를 파악하고 세의 흐름을 타면서 적절한 균형을 이루는 것이 시중(時中)이다. 전략경영은 우아한 균형미를 발휘하는 아름다운 춤이다.

건설경영자의 리더십 - 인간적 신뢰 구축

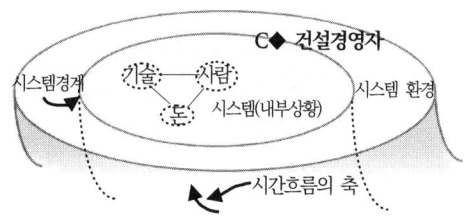

리더 역할은 전체적 입장에서 현재의 갈등을 조정하고 단기이익과 장기혜택의 균형을 잡아 나가는 것이다. 리더는 조직 내부의 소규모 집단 사이에서 갈등이 생길 때 전체 조직의 입장에서 소규모 집단의 양보를 호소해야 한다. 단기이익과 장기혜택이 충돌할 때는 미래 비전을 제시하며 단기이익의 양보를 촉구해야 한다. 조직의 생존과 번영을 위해 요구되는 희생을 구성원들에게 요청하여 실현시켜야 한다. 리더에게 적절한 권한이 있지만 위압적 강제력만으로는 '시너지 효과(synergy effect)'를 결코 기대할 수 없다.

다른 사람에게 희생을 요청하는 것이 리더 역할이라면 리더 자신도 강제되지 않은 상태에서 필요한 만큼의 희생을 솔선수범해야 한다. (그림 3.10)은 고위급 리더 일수록 더 많이 희생해야 것을 보여준다. 희생을 감수하는 사람은 극소수인 반면, 최근 상황은 그 어느 때보다 리더의 희생을 절실하게 필요로 한다. 희생하는 리더는 목표달성을 위해 필요한 협조 이외의 또 다른 무엇으로 보상을 받아야 한다. 희생을 감수하는 리더는 존경과 사랑을 받고 명예심을 간직할 수 있어야 한다.

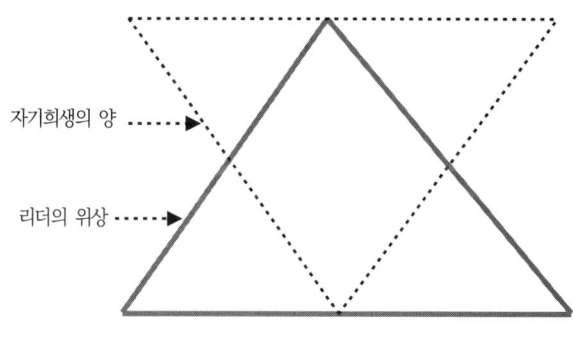

(그림 3.10) **리더의 위상과 자기희생의 양**

리더는 조직의 내부관성과 집단역학이 난무하는 상황에 자신을 직접적으로 노출시키지 않으면 안 된다. 변화를 주도하는 과정에서 현재 상황에 만족하는 기득권층의 견제와 반발에 부닥치고 끊임없이 표출되는 이해관계로 인해 지속적인 시달림을 겪으면서 절박한 상황과 반전의 순간에 직면하기도 한다. 적절한 수준의 자원을 제공받지 못하고 판단자료도 부족하며 유사경험도 없는 상황에서 결과가 잘못되면 모든 것이 무위로 돌아가는 결정적 위기가 뒤따르기도 한다.

이러한 상황에서도 생존·발전하기 위해 리더는 무엇을 준비해야 하는가?

첫째, 리더는 끊임없이 자신의 삶을 개척하여 주변사람의 신뢰를 확보해야 한다. 평소에도 필요한 만큼의 희생과 포기를 감수하여 사람들의 존경과 사랑을 받아야 하고 명예심도 확보해 두지 않으면 안 된다. 그리고 필요한 자원과 인간적 협조를 얻기 위해서는 누군가를 반드시 만나야 한다. 만남이 성사되면 자신의 평판과 소문이 상대방에게 먼저 전달된다. 그다지 넓지 않은 업무영역에서 협조를 구하기 위해 만나야 할 사람이 이미 "그는 결코 신뢰할 수 없는 사람"이라고 인식한다면 그 만남은 아무 의미를 가질 수 없게 된다. 반면 "그 사람은 신의와 성실성을 갖췄을 뿐만 아니라 상황에 따라서는 자기희생도 감수할 줄 아는 사람"이라고 판단한다면 만나기 전에 필요한 것을 이미 상당부분 얻은 것이나 다름이 없다.

둘째, 대화·협상 과정의 대립과 갈등에 두려움을 느껴서는 안 된다. 리더는 평소에 친분을 갖지 못한 사람과도 수시로 만나고 대화하여 상대의 자존심과 기분을 손상시키지 않으면서 필요한 협조를 얻어내야 한다. 그러나 만남 자체를 상대방이 거부하여 대화를 시도하기조차 어려운 경우도 있다. 가까스로 이루어진 만남에서 상대방이 적개심을 보이기도 한다. 이러한 상황에서도 결과가 잘못될 경우 리더 자신의 입지가 붕괴되고 조직도 와해될 수 있다면 마음속에서 솟구치는 두려움을 감당하기 어려울 것이다.

어떻게 처신해야 하는가? 분명한 사실은 두려움을 회피하면 결코 문제를 해결할 수 없다는 것이다. 두려움을 회피하기 보다는 가슴을 열고 받아 들여야 한다. 마음속으로는 두려움에 떨면서 겉으로 태연한 척하는 태도는 결코 바람직하지 않다. 자신을 지켜보는 주변사람을 의식한 나머지 큰소리치는 행태는 허세일 뿐 문제해결에 전혀 도움이 안 된다. 오히려 두려움을 그대로 느끼고 온전히 받아들여야 한다. 가슴 속에서 두려운 감정을 상대방에게 한층 더 가까이 다가갈 수 있는 열정과 에너지로 전환시켜야 한다. 상대방도 나와 똑같은 사람이고 보면 리더에게서 느껴지는 신뢰감과 성실성 그리고 가슴 깊은 곳에서 우러나오는 열정과 에너지에 결코 무감각할 수만은 없다. 사람은 섬세한 악기와 같이 민감한 존재여서 신의와 성실로 가득 찬 마음에 결코 무관심할 수만은 없다.

셋째, 상대방의 표정·눈빛, 목소리, 자세 등에서 마음의 움직임을 감지할 수 있는 감수성(sensitivity)을 갖춰야 한다. 감수성은 상대방의 불편과 아픔을 감지하고 느낌과 정서를 함께 할 수 있는 지적능력이다. 감수성은 입장을 바꿔서 상대방을 이해하려는 마음을 가질 때 생긴다. 상대방의 말을 한마디도 놓치지 않으면서 마음상태와 기분을 그대로 느껴야 한다. 그 느낌으로 마음의 문을 두드려서 열어야 한다.

넷째, 사고의 유연성(flexibility)을 갖춰야 한다. 유연성은 극단적 관계를 갖는 두 가지 이상의 대상을 개념적으로 신속히 왕래하면서 균형적 상황을 유도해 낼 수 있는 능력이다. 특정상황에서 피해를 보는 집단과 득을 보는 사람을 동시에 고려하여 두 집단(사람)의 관계가 가능한 한 균형적으로 유지되도록 배려하는 역량이다.

다섯째, 협상·타협 과정에서 조금도 흔들리지 않는 강인한 정신력을 필요로 한다. 반드시 원하는 결과를 얻어내겠다는 자신감을 상대방에게 부드럽고 자연스럽게 전달해야 한다. 이러한 자세는 체력과 정신력이 뒷받침되지 않으면 유지될 수 없다. 리더가 항상 심신을 갈고 닦아야 하는 이유도 여기에 있다. 국가 중대사를 결정하는 협상이나 리더 자신의 존립 기반을 위태롭게 할 수 있는 협상을 마치고 나서 느끼는 피로감은 축구시합 전후반전을 전력을 다해 뛰고 난 이후의 그것과 다르지 않다.

【 고전에서 말하는 경영 13 】

리더(leader)의 우환의식(憂患意識)

君子終日乾乾 夕惕若 慮無咎, (周易 重天乾 第三爻)
군자가 하루 종일 부지런히 노력하다가
저녁에도 두려운 듯하니 위험해도 허물이 없다.

군자가 전력을 다해 일하는 모습이다. 하루 종일 애쓰고 저녁에도 문제의식이 뇌리를 떠나지 않아 이리 저리 궁리하고 있다. 전심전력을 다하니 무슨 허물이 있겠는가? 하루 종일 부지런히 노력하고 저녁에도 두려워하는 마음이 우환의식(憂患意識)이다. 멀리 보고 미리 걱정하며 위험을 미연에 막으려는 마음이다.

다른 사람들은 눈앞의 이익을 챙기며 안주해도 리더(leader)는 그렇게 할 수 없다. 시시각각 변화하는 상황에 미리 대비하지 않으면 안 되기 때문이다. 리더가 믿을 수 있는 존재는 자기 자신밖에 없다. 의지할 상대가 있으면 리더가 아니다. 리더는 어디에도 기댈 곳 없이 오직 자신의 판단에만 의존해야 하는 존재다.

미래를 위한 준비 - 힘의 우회축적

미래를 준비하는 경영자가 반드시 숙지해야 할 '힘의 우회축적 이론14)'을 고기 잡는 어부를 예로 들어 탐색해 보자.

한 어부는 낚시질을 하여 매일 10~20마리의 고기를 잡아 생계를 유지하면서 풍족하지 않아도 큰 어려움을 느끼지는 않았다. 그러나 이러한 삶의 방식으로는 결코 더 나은 미래를 기대할 수 없다고 판단하고는 낚싯대를 팽개치고 빚을 얻어 그물을 짜고 배를 만들기 시작했다. 그러다 보니 투입되는 돈과 시간에 비해 산출되는 것이 거의 없는 생활 속에서 고통을 감내할 수밖에 없었다.

힘겨운 시간이 지나고 그물과 배가 완성되었다. 이제 어부는 10~20마리 정도가 아닌 수백에서 수천 마리의 고기를 단숨에 잡을 수 있게 되었다. 빚도 탕감하고 풍족한 생활을 영위하며 보다 나은 미래를 위해 여유 자본을 재투자할 수 있게 되었다.

낚시질로 만족해하던 다른 어부들은 이 상황을 보면서 무슨 생각을 했겠는가? 얼마 전까지만 해도 어려운 여건에서 도움을 요청하던 어부가 엄청난 부를 축적했다는 사실에 놀랄 수밖에 없었다. 그리고 "저 친구는 어쩌면 저렇게 운이 좋을까?"라고 생각할 수도 있었을 것이다.

---

14) 윤석철, Principia Managementa, 경문사, 1991.

힘의 우회축적 결과를 어찌 운으로 볼 수 있겠는가? 이러한 개념을 표현하면 (그림 3.11)과 같다.

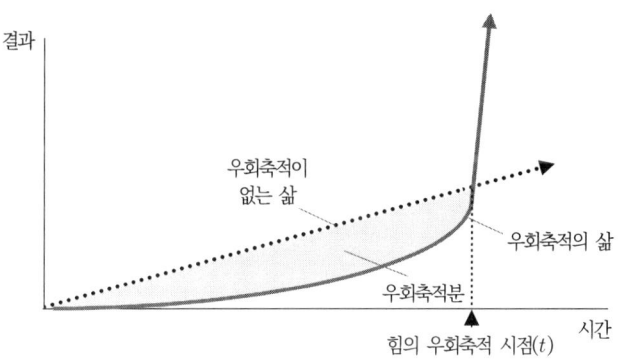

(그림 3.11) **우회축적의 삶과 우회축적이 없는 삶**

(그림 3.11)에서 제시된 힘의 우회축적분은 무엇인가? 가깝고 쉬운 길을 멀리 어렵게 돌아서 간 대가로 축적된 여분의 힘이다. 열심히 노력한다고 해서 반드시 힘이 우회 축적되는 것은 아니다. 축적이 없는 우회도 많다. 우회축적이 되려면 반드시 우회축적의 시점(t)을 설정하고, 이 시점이 지나면서 축적된 힘이 발산될 수 있도록 해야 한다.

우회축적 시점까지의 기간은 개인이나 집단(조직)의 여건과 상황에 따라 달라진다. 충분한 자본력과 기술력을 보유하고 있다면 보다 먼 미래로 설정하여 우회축적의 양을 크게 할 수 있다. 조건이 불비하다면 축적되는 힘의 양을 줄이면서 비교적 가까운 시점으로 설정해야 한다. 자본력과 기술력이 미약한 기업이 10년 후를 바라보며 힘을 우회축적 하다가 3년도 채 안 되어 도산될 수도 있기 때문이다. 이러한 원리를 물리학적으로 설명하기 위해 (그림 3.12)와 같이 경사로 A와 B를 따라 구슬을 굴리는 경우를 생각해 보자.

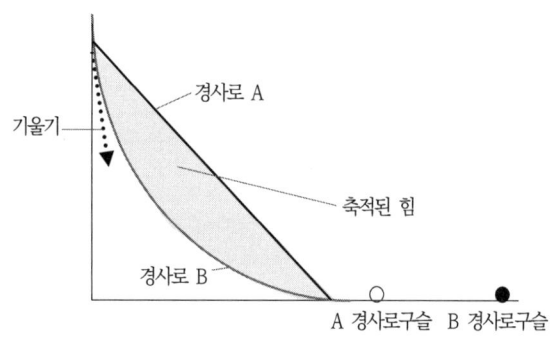

(그림 3.12) **물리학적 우회축적이론**

결론은 A경사로 보다 B경사로로 굴린 구슬이 더 빠르게 멀리 가서 정지한다는 것이다. 단기적으로는 A경사로를 따라 굴러가는 구슬이 더 빠른 것처럼 보인다. 그러나 B경사로를 따라 구르는 구슬은 그림에서 보여 지는 것처럼 급격한 기울기의 영향으로 엄청난 양의 중력가속도를 받아 축적했다가 경사가 끝나는 지점에서 힘을 발산하면서 훨씬 더 빠른 속도로 보다 멀리 굴러간다.

동계올림픽에서 볼만한 경기 중의 하나인 스키점프를 생각해 보자. 스키 활강면은 경사로 B와 같은 모습으로 만들어져 있다. 우회 축적된 힘을 적시에 효과적으로 발산시켜서 가능한 한 멀리 까지 날아가게 하려는 고려가 숨어 있는 것이다. 이와 같이 가장 멀리 빠르게 갈 수 있도록 하는 경사로 선형을 사이클로이드곡선 (cycloid curve)이라고 한다. 힘의 우회축적은 자신에게 적합한 사이클로이드곡선을 찾아서 실행하는 과정이다.

힘의 우회축적은 먹이를 향해 돌진하는 매(hawk)의 운동곡선 에서도 보여 진다. 마당에서 서성이는 병아리를 발견한 매는 (그림 3.13)에서 보이는 운동곡선을 따라 움직인다.

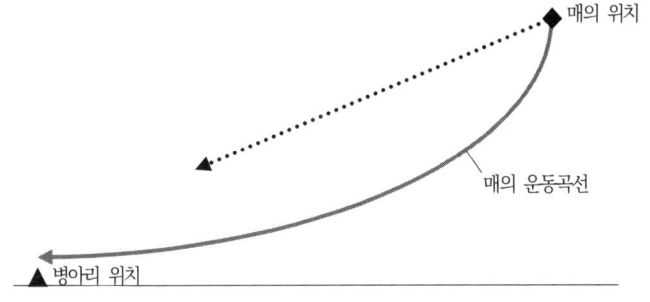

(그림 3.13) **먹이를 발견한 매의 운동곡선**

매가 (그림 3.13)의 점선을 따라 돌격 앞으로 한다면 병아리는 위기를 조기에 인식하고 도망갈 수 있는 시간을 얻는 반면, 매는 강력한 추진력을 얻을 수 있는 힘의 우회축적을 실현할 수 없다.

실선을 따라 움직이며 힘을 축적하는 매의 초기진행 방향만을 보고 병아리는 매가 다른 곳에 볼 일이 있어서 가는 것으로 착각할 것이다. 그 때 매는 축적된 힘을 순간적으로 발산시키면서 진격한다. 병아리가 돌격해 오는 매를 보고 판단이 잘못되었다는 것을 느끼는 순간 이미 그 몸은 사로잡힌 채 허공으로 솟구치고 있을 것이다.

먹이를 획득하기 위해 엄청난 중력가속도를 일시에 감수하는 고통을 이겨내면서 힘을 축적하는 매는 힘의 우회축적 원리를 이해하고 실행하는 세련된 실체인 것 같다.

급박한 현실에서 힘의 우회축적 원리를 어떻게 구현해야 하는가? 힘을 우회 축적하는 과정에서 투입되는 노력과 시간에 비해 상대적으로 미미한 실적밖에 기대할 수 없는 기간을 감내하지 않으면 안 된다. 심각한 경쟁상황에서 다급한 문제를 일단 접어두고 상당 기간 미래를 위해 차분히 힘을 축적할 수 있겠는가? 당장 단기적 성과를 내지는 못하는 상황을 나름대로 설명할 수 있을 것이다. "우리는 지금 미래를 위해 힘을 축적하고 있다. 지금 당장은 큰 기여를 할 수 없지만 얼마 후에 힘의 우회축적 시점에 이르면 훨씬 더 높은 수준의 성과를 지속적으로 거둘 수 있을 것이다." 라고…. 치열하게 전개되는 다급한 상황에서 이러한 방식으로 업무를 하다 보면 얼마 못 가서 조직은 시들해져서 쇠퇴의 길을 갈 것이다. 그리고 힘을 우회 축적하던 당사자는 다음과 같은 말을 듣게 될 것이다.

"여보게, 그 동안 수고 많았네, 조건이 괜찮은 명예퇴직 기회가 있는데… 자네가 신청하면 내가 특별히 고려해 보겠네."

현실이 이렇다면 어떻게 힘을 우회 축적해야 하는가? 특별한 방법이 있을 수 없다. 잠을 줄이고 술 한 잔 덜 마시면서 노력해야 한다. 남보다 더 많은 고통과 갈등을 감수하면서도 목표를 달성하기 위해 긴장된 생활을 지속하지 않으면 안 된다. 스스로 편안한 상태에 젖어 있다는 생각이 들면 언제라도 불편한 상태로 몰아갈 수 있는 적극적 자세가 필요하다. 단기 경쟁력을 상실하지 않으면서도 중장기적으로 힘을 우회축적하지 않으면 안 되는 절박한 상황에 직면해 있기 때문이다.

【 고전에서 말하는 경영 14 】

경영자의 기다림과 여유

需于酒食 貞吉 (周易 水天需 第五爻)
_{수우주식 정길   주역 수천수 제오효}

술과 음식을 즐기며 기다리니 곧음을 지키면 길하다.

주역의 수천수(水天需) 괘상(卦象)은 하늘 위에 구름이 떠 있는 모습으로 예견된 상황을 기다린다는 뜻을 갖는다. 구름이 하늘에 있으니 결국 비가 되어 떨어진다. 비를 기다리는 상황이다.

고난과 위험이 눈앞에 있어서 연회를 베풀 수 있는 여건이 아니지만 술과 음식을 즐기는 상황으로 묘사했다. 아무리 어려워도 마음의 여유를 잃지 말라는 뜻이다. 마음의 여유를 잃지 않으면 그 상황을 즐기면서 극복할 수 있기 때문이다.

건설경영과 운(運)

합리적 방식으로 최선의 노력을 다 해도 운이 나쁘면 실패한다. 실체가 명확하지 않고 생각하는 것 자체가 비합리적으로 비쳐지는 운(運)을 학문적이나 실무적으로 고려하는 것은 부자연스럽게 보일 수 있다. 그러나 상당히 오랜 기간 일에 매진하면서 "운은 반드시 존재한다."는 확신을 갖게 되었다. 따라서 과학적으로 입증할 수는 없더라도 합리적 관점에서 운을 조명해 볼 필요가 있다. 우선 운의 특성부터 생각해 보자.

첫째, 운은 시간흐름에 따라 전개되는 변화에서 비롯된다. 변화의 촉매제인 시간이 공간적 상황을 변화시키는 과정에서 생긴다. 상황이 변하여 기존 문제가 사라지고 없던 일이 새로 생기면서 형성되는 전혀 다른 이해관계가 운이 좋고 나쁜 상황을 유발한다.

둘째, 운의 작용에 대한 인과관계가 명확하지 않다. 10명이 근무하는 사무실에서 필자가 분실한 100만 원을 다른 직원이 주웠다고 생각해 보자. 돈을 주운 사람이 '오늘 운이 좋군.'이라고 말할 수 있을까? 이러한 경우는 돈을 잃어버린 필자와 주운 직원 사이의 인과관계가 명확하기 때문에 합리성의 원칙이 지배한다. 그러나 수백만 명이 거주하는 대도시에서 필자가 잃어버린 1,000만 원을 누군가 주웠다면 잃어버린 것과 주운 것 사이의 인과관계가 존재하지만 상황이 너무 복잡하여 밝혀내기 어려울 것이다. 이러한 경우 돈을 주운 사람이 마음먹기에 따라 운이 좋다고 말할 수 있다.

셋째, 운은 사람의 선택의지와 관계없이 발현된다. 의도한 대로 된다면 합리성의 원칙이 준용된 것이다.

넷째, 운은 일단 발현되면 향후의 삶과 일에 지속적인 영향을 미친다. 고액의 복권에 당첨된 경우를 생각해 보면 이해할 수 있을 것이다.

상기 특징은 운의 피상적 현상일 뿐 근원적인 속성은 아니다. 경영적 관점에서 운의 본질은 단기적으로만 유력하고 장기적으로는 무력하다는 것이다.

두 개의 항아리 A, B에 각각 흰 구슬과 검은 구슬을 넣고 게임하는 경우를 고려해 보자. A항아리에는 흰 구슬 3개, 검은 구슬 2개를 넣고, B항아리에는 흰 구슬 2개, 검은 구슬 3개를 넣은 상황에서 둘 중의 하나에 손을 넣어 구슬을 꺼냈을 때, 흰 구슬이면 100만 원을 받고 검은 구슬이면 100만 원을 오히려 줘야 하는 게임을 생각해 보자.

합리적으로 판단하면 A항아리에는 5개의 구슬 중에서 흰 구슬이 3개 들어 있으므로 흰 구슬이 나와 100만 원을 받을 수 있는 확률이 0.6인 반면, B항아리에는 5개 중에서 흰 구슬이 2개이기 때문에 흰 구슬을 뽑을 확률은 0.4이다. 따라서 A항아리에 손을 넣는 것이 바람직하다.

문제는 A항아리에 손을 넣어도 검은 구슬을 집을 확률(0.4)이 존재하고, B항아리에서도 흰 구슬을 선택할 가능성(0.4)이 있다는 것이다. 100% 확률을 기대할 수 없는 상황에서는 가능성이 높은 쪽을 선택하는 것이 최선이다. 그러나 합리적으로 최선의 방안을 강구한다고 해도 바람직한 결과를 보장할 수는 없기 때문에 운의 존재에 대한 언급이 불가피하다.

그러나 두 항아리에서 구슬을 꺼내는 작업을 1,000번씩 반복 시행하여 얻어진 누적확률로 게임의 승부를 결정한다면 확률이 0.6인 A항아리를 선택하면 확실히 이길 수 있을 것이다. 단기적으로는 B항아리를 선택해도 원하는 결과를 얻을 수 있겠지만 장기적으로는 확률이 높은 A항아리를 선택해야만 승리를 보장받을 수 있을 것이다.

경영현실에서 단기적으로만 효력을 발휘하고 장기적으로는 무력한 운에 경영자들은 어떻게 대처하고 있을까? 필자는 운에 관한 문제의식을 가지고 경영자 위치에 있는 30여 명을 관찰해 보았다. 관찰 결과에 따라 파악된 유형은 다음과 같다.

첫 번째 유형은 "될 대로 되라(que sera sera)"형이다. 이러한 경영자는 "나도 노력할 만큼 했는데 결과가 이렇지 않느냐?", 도대체 나보고 어떻게 하란 말이냐?, 나도 모르겠으니 될 대로 되겠지" 등의 말을 거침없이 내뱉는다. 피해의식에 사로잡혀

"나는 이렇게 심각한 어려움을 겪고 있다."라고 말하면서도 정작 그 상황을 앞장서서 개선해야 할 사람이 자신 외에는 없다는 사실을 망각하고 있다. 결국 자신의 미래를 망칠 뿐만 아니라 자기를 믿고 따라 준 사람들의 희망도 앗아가고 만다.

두 번째는 "하늘은 스스로 돕는 자를 돕는다."는 생각으로 최선을 다하는 '우직한 노력형'이다. 이러한 경영자는 "열심히만 해라, 그러면 다 잘 될 것이다."라고 말하면서 본인이 최선을 다하면서 다른 사람의 노력을 독려한다. 그러나 상황을 정확히 파악하고 문제의 본질을 명확히 규명하여 힘을 선택적으로 집중시키는 전략적 사고를 결여하고 있다.

세 번째는 '합리적 노력형'이다. 성공확률이 가장 높은 대안을 선택하는 경영자다. 그러나 합리적으로 최선의 노력을 기울여도 운이 나쁘면 실패한다.

필자는 경영현장에서 합리적 노력을 기울이면서도 운의 존재를 인정하는 여유를 가진 경영자를 만나지 못했다. 경영자는 합리적 노력을 지속하면서 운도 경영대상으로 고려해야 한다.

이러한 경영자상을 확립하기 위해 세 사람의 경영자 A, B, C의 역할에 대한 예를 들어보자. 건설경영은 고도의 불확실성 속에서 시간과 돈을 상대로 벌이는 치열한 전투와 다름없다는 관점에서 세 사람의 경영자를 전쟁에 참여한 장교들이라고 가정해 보자.

A는 정보장교다. 적의 동태를 살피면서 지속적으로 정보를 수집한 결과 적군이 경계를 풀어 헤치고 휴식을 취하고 있는 장소를 알아냈다. A는 이 귀중한 정보를 바로 B에게 전달했다.

B는 보병장교다. 즉시 병력을 출동시켜 사력을 다해 싸웠다. 그러나 운이 따르지 않아서인지 적군에게 상당한 타격은 줬지만 섬멸하지는 못했다.

C는 경계근무를 지휘하는 장교다. 특이상황이 없다는 판단을 하고 병력들과 함께 인근지역에서 회식을 했다. 돌아오는 길에 우연히 B의 공격을 받아 심대한 타격을 입고 패잔병처럼 늘어져 있는 적군을 발견했다. 운이 따른 것이다. C는 "오늘 잘 먹었으니 몸 좀 풀자."고 말하면서 섬멸을 지시하여 적을 완전히 제압했다.

전쟁이 승리로 마무리된 시점에서 기여정도에 따라 논공행상(論功行賞)을 한다면 누가 1등인가? 이러한 질문을 던지면 다소의 예외는 있지만 대개 C가 1등이라는 답변을 듣는다. 그러면 "우리 현실에서 생각해 보면 누가 1등입니까?"라고 다시 묻곤 한다. 그러면 "확실히 C가 1등이죠."라고 답한다. 어려운 시기에는 우연으로라도 손에 잡히는 성과를 내는 사람이 최고이기 때문이다.

과연 그렇게만 판단할 수 있을까? 물론 주관적 판단을 포함하는 사안이기 때문에 의견이 다를 수 있다는 것을 인정한다. 그래도 분명한 사실은 누구에게 1등을 주는가에 따라 조직의 가치체계와 문화가 바뀌고 평가기준이 달라지면서 구성원들의 업무수행방식도 달라진다는 것이다.

합리적 노력을 중시하면서도 운의 존재를 인정한다는 관점에서 판단해보자. 우선 A는 지속적인 정보수집의 노력을 기울이는 과정에서 운이 따랐기 때문에 적의 동태를 정확히 파악할 수 있었다. 따라서 노력도 했고 운도 따랐다. B는 최선의 노력을 다했지만 운이 따르지 않아 적군을 섬멸하지 못했다. C는 운이 좋아서 특별한 노력 없이도 적을 발견하여 섬멸할 수 있었다. 이를 평가 매트릭스로 정리하면 (표 3.1)과 같다.

(표 3.1) 평가 매트릭스

경영자	평가기준	합리적 노력	운의 존재
A		O	O
B		O	×
C		×	O

산술적으로 생각해도 동그라미(O)가 두 개인 A가 1등 아니겠는가? 누가 2등인지는 집단(조직)의 목적에 생존뿐만 아니라 지속적 번영·발전도 포함시켜야 한다는 관점에서 판단해야 한다. 생존하는 것만이 목적이라면 C가 1등일 수 있다. 그러나 생존에 그치지 않고

지속적으로 번영하지 않으면 안 된다고 생각하면 C는 2등도 될 수가 없다. B가 2등이다. C처럼 운에 의존하여 문제를 해결하겠다는 사람으로 가득 찬 집단(조직)은 얼마 못가서 붕괴되고 말 것이다. 그러나 B와 같이 합리적 노력을 지속하면 언젠가 운을 만나는 시점에 1등도 할 수 있지 않겠는가?

최선의 노력을 기울여도 운이 따르지 않으면 실패할 수 있는 현실에서 좌절하지 않고 성공의 길을 갈 수 있는 비결은 무엇인가? 단기효과만 있을 뿐, 장기적으로는 무력한 운의 내면구조를 확실히 이해하는 것이다. 그리고 합리적으로 최선의 노력을 다하는 한 결코 버림받지 않는다고 굳게 믿는 것이다. 그러다 보면 남의 일처럼 여겨졌던 운이 찾아와 더욱 큰 번영과 발전을 도모할 수 있다고 믿는 것이다. 경영자가 마지막으로 귀의할 수 있는 곳은 바로 이러한 믿음의 패러다임(paradigm)이다.

마무리 : 건설경영 패러다임 정립

필자는 건설경영 전략가의 세계를 전문성(기술) → 돈 → 사람 → 시간 → 운 → 믿음의 순서로 패러다임을 전환시키면서 언급했다. 이제 그 여정을 마무리하기 위해 각 패러다임에 학문적 의미를 부여해 보자.

우선 전문성(기술)부터 생각해 보자. 80년대 이전에 우리나라의 건설업은 제한적 기술에 한국인 특유의 경험과 직관 그리고 배짱을 가미하여 적지 않은 성과를 거두었다. 이때는 자원이 부족하고 고객의 요구수준도 그다지 까다롭지 않았기 때문에 '주먹구구식 경영(Rule of thumb Management)'이 어느 정도 통할 수 있었다.

80년대 초에 두 차례에 걸친 오일쇼크를 겪고 경쟁이 심화되면서 우리는 원가절감과 품질향상을 도모하기 위해 과학적 분석과 수학적 해석을 건설사업에 적용하기 시작했다. 경영과학(Management Science)에 근거한 노력으로 고려될 수 있다.

전문성(기술)과 돈만으로 건설경영이 가능한 것은 아니다. 전문성(기술)과 돈의 운용 주체인 사람이 개입하면 비합리적 상황이 전개되기 때문이다. 사람이 개입하면 수학·과학의 원리가 효력을 발휘하지 못한다. 사람은 수학과 과학의 합리성을 인정하면서도 감정과 정서 그리고 소속 집단(조직)의 가치체계와 정책의 영향을 받는 심리적 존재이기 때문이다. 그리고 문제해결을 직접 주도하는 경우와 수동적으로 해결에 참여하는 상황의 어느 쪽인가에 따라 대응자세가 천차만별로 달라진다.

주는 입장에 있을 때와 받는 여건에 있는 경우의 행동방식이 얼마나 다른지 느껴보았는가? 중소업체 사장들은 왜 그렇게 월급날이 빨리 돌아오는지 모르겠다는 말을 공공연히 하는 반면, 종업원들은 급여를 지급받은 지 한참 지난 것 같은데 월급날이 아직도 멀었다고 말하지 않는가?

사람의 문제는 가치의 갈등(value conflicts)을 포함한다. 여기에 시간이라는 변화의 촉매제가 상황을 동태적으로 변화시키면 문제는 더욱 복잡해진다. 이러한 상황에서는 과학적 원리와 수학적 방법으로 문제를 해결할 수 없다. 상황을 종합적으로 파악하고 상대방 입장에서 문제를 조명하여 서로가 용납할 수 있는 해결대안을 모색해야 한다. 이와 같이 사람과 변화의 문제를 동시에 고려하기 위해서는 경영철학(Management Philosophy)이 요구된다.

합리적으로 최선을 다해도 운이 나쁘면 실패할 수 있다는 사실을 받아들이는 한편, 운은 단기적인 것일 뿐, 장기적으로는 무력하다는 관점을 이해하고, 최선을 다해 노력하는 한 결코 버림받지 않는다는 믿음을 갖는 사고체계는 학문이라기보다는 신앙의 측면이 강조되는 개념이다. '경영신학(Management Theology)'으로 이해할 수 있지 않을까?

이러한 내용을 종합적으로 정리하면 다음과 같다.

사고단계	패러다임	관련학문
1단계	전문성(기술) ↓	주먹구구식 건설경영 'Rule of thumb' Construction Management
2단계	돈 ↓	건설경영과학 Construction Management Science
3단계	사람 ↓	건설경영철학 Construction Management Philosophy
4단계	시간 ↓	
5단계	운 ↓	건설경영신학 Construction Management Theology
6단계	신뢰와 믿음 ↓	

건설경영 전략가의 마인드
경영과 인문의 숲에서 피워 낸 건설전략의 꽃

초판 1쇄 발행 2023년 3월 10일

지은이 김인호
펴낸이 장길수
펴낸곳 지식과감성#
출판등록 제2012-000081호

디자인 이현
편집 이현
검수 김지원
마케팅 정연우

주소 서울시 금천구 벚꽃로298 대륭포스트타워6차 1212호
전화 070-4651-3730~4
팩스 070-4325-7006
이메일 ksbookup@naver.com
홈페이지 www.knsbookup.com

ISBN 979-11-392-0958-7(03320)
값 20,000원

- 이 책의 판권은 지은이에게 있습니다.
- 이 책 내용의 전부 또는 일부를 재사용하려면 반드시 지은이의 서면 동의를 받아야 합니다.
- 잘못된 책은 구입하신 곳에서 바꾸어 드립니다.

지식과감성#
홈페이지 바로가기